BioWorm - O monstro virtual

"BioWorm: A Ameaça Invisível do Biohacking – Dominando a Segurança de Dispositivos Médicos e Implantes Tecnológicos"

Por Pablo J. Gaspar

ÍNDICE

Bem-vindo, querido leitor!

É com um coração cheio de expectativa que te convido a mergulhar nas páginas de BioWorm - O Monstro Virtual. Aqui, nessa jornada pelo universo do biohacking e das complexidades da segurança nos dispositivos médicos, você encontrará um conteúdo que vai muito além de simples palavras. É a ponte entre a ciência e a vida real, a discussão de algo que, embora invisível e muitas vezes subestimado, afeta a todos nós, direta ou indiretamente.

Neste livro, cada capítulo foi cuidadosamente elaborado para te proporcionar não apenas conhecimento técnico, mas também reflexões profundas sobre o que significa viver em um mundo onde nossos corpos e mentes estão cada vez mais conectados a tecnologias que prometem facilidade, mas que podem esconder um lado sombrio. Você vai descobrir como o BioWorm, essa ameaça intrigante e assombrosa, surgiu e se desenvolveu, e como o seu impacto está muito além de códigos e sistemas. Ele toca vidas, afeta amores, destrói sonhos. Precisamos conversar abertamente sobre isso!

Ao longo das páginas, algumas histórias desafiadoras vão se desenrolar. Estão ali para nos lembrar que a vulnerabilidade humana e a tecnologia andam de mãos dadas, e que é nosso papel garantir que essa relação seja segura e bem intencionada. Com o cheiro do café fresco no ar e a luz suave do fim da tarde invadindo o ambiente, gostaria que você se sentisse em casa, como se estivesse num café com velhos amigos conversando sobre um tema convidativo e complexo, repleto de nuances. As narrativas que você encontrará não são apenas técnicas; são lições que nos colocam frente a frente com a realidade do que está em jogo.

Prepare-se para momentos de tensão, de revelações que podem te surpreender, e, quem sabe, até uma risada ou outra quando lembrarmos juntos de como a tecnologia pode ser tanto poderosa quanto caprichosa. Às vezes, a conversa pode te levar a um beco sem saída, para um dilema ético que parece interminável — e é, em última análise, o que nos faz humanos.

Espero que, ao final desta jornada, você não apenas se sinta mais preparado para enfrentar os desafios que apresentam no horizonte, mas também compenetrado do quão essencial é a vigilância e a adaptação constante. Estamos todos juntos nessa missão, não apenas como leitores e escritores, mas como guardiões da integridade do nosso futuro.

Então, ajusta a cadeira e respira fundo. Vamos juntos desbravar esse mundo intrigante, fascinante e, quem diria, por vezes assustador — porque, afinal, o melhor aprendizado muitas vezes vem dos lugares mais inesperados.

Um abraço caloroso,

Pablo J. Gaspar

Capítulo 1: Introdução ao Biohacking e a Era dos Corpos Conectados

Você já parou para pensar no potencial que o nosso corpo tem para se transformar? A ideia do biohacking pode soar um pouco alienígena à primeira vista, como algo saído de um filme de ficção científica, mas é, na verdade, uma viagem arrebatadora. Biohacking é a arte de redefinir seus limites, de explorar a interseção entre a biologia humana e a tecnologia, buscando não apenas melhorar a performance física, mas também a saúde mental e emocional. É como pegar um atalho para se tornar a melhor versão de si mesmo, aproveitando a sabedoria antiga e os avanços tecnológicos.

Este movimento começou de forma sutil, lá no início dos anos 2000, quando pessoas comuns começaram a experimentar com dietas, exercícios e técnicas de meditação na busca por uma vida mais saudável. Isso me lembra de uma amiga minha, Ana. Sempre a vi fascinada por alternativas à medicina tradicional. Ela começou a incorporar o jejum intermitente em sua rotina, e as mudanças foram surpreendentes. Ana não apenas perdeu peso, mas também encontrou um novo foco e energia. Nada como uma experiência real para nos conectar a essa ideia cheia de promessas.

Ao longo dos anos, o biohacking se expandiu, incluindo práticas como o uso de dispositivos vestíveis que monitoram nossos batimentos cardíacos, a qualidade do sono e até os níveis de estresse. E quem não se anima com isso? Imagine acordar pela manhã sem um fio de cansaço, sabendo exatamente o que seu corpo precisa para ter um dia mais produtivo e saudável. Isso é cativante.

Além do aspecto físico, o biohacking também toca em temas de autoconhecimento e crescimento pessoal. Por que buscamos essas melhorias? Na busca incessante por respostas, somos motivados por uma curiosidade quase incontrolável, aquela que nos empurra a querer entender como optimizar nossa vida. Aqui, adentram as filosofias de vida alternativas, que nos instigam a questionar o status quo, assim como eu costumava perguntar: "O que eu posso fazer para me sentir melhor a cada dia?" Essa busca acaba nos ligando a um grupo diverso, que vai de biohackers experientes a iniciantes curiosos, todos em busca de algo genuíno.

Pessoas comuns, assim como nós, estão transformando suas vidas utilizando técnicas de autoaperfeiçoamento que vão além da dieta. Mas, sinceramente, você já parou para ver quantas opções estão disponíveis? Nutrição, atividade física, alongamentos, meditação... Tempara tudo isso, é um verdadeiro buffet! E, ao contrário de um restaurante onde você fica limitado ao menu, aqui, o prato é sempre personalizado.

E se pensarmos um pouco mais além da nutrição e do esporte? O uso de tecnologia para entender e escutar o corpo se torna um caminho intrigante. Um amigo meu, Carlos, um verdadeiro entusiasta das corridas, começou a utilizar um monitor de frequência cardíaca. No início, ele só queria saber se estava se esforçando o suficiente. Mas, ao fim de algumas semanas, Carlos percebeu que estava não apenas correndo melhor, mas também aprimorando a sua saúde mental. Ele se sentia mais zen, mais conectado consigo mesmo. O que começou como uma simples monitorização evoluiu para um ritual reconfortante que ele aguardava ansiosamente todos os dias.

Portanto, o biohacking não é apenas uma nova tendência, mas uma mudança de paradigmas. É um convite ao autoconhecimento e à autodescoberta. O que significa isso, afinal? Que o corpo humano, com suas fraquezas e forças, se torna um laboratório. Um espaço de experimentação onde, a cada dia, podemos redefinir nossa narrativa, vencer desafios e descobrir que nossos limites são frequentemente mais moldáveis do que imaginamos.

Assim, ao adentrar neste universo, convido você a refletir: o que seria possível se tivéssemos as ferramentas e o conhecimento para otimizar nossas vidas? Está pronto para embarcar numa jornada de descobertas, desafios e, quem sabe, milagres? Pense bem, porque, no fundo, tudo começa com a vontade de transformar o que já somos – e isso é só o começo.

A conexão entre tecnologias de saúde e a vida cotidiana é algo que vai muito além de sensores e dados. Imagine, por um momento, a história de um amigo que, após uma série de desmaios inexplicáveis, foi diagnosticado com uma arritmia cardíaca. A vida dele, em um instante, tornou-se uma dança entre a incerteza e a esperança, enquanto um marcapasso inteligente começava a regular seu coração. Essa pequena máquina, quase mágica, passou a ser a guardiã da sua saúde, monitorando cada batida e informando-o em tempo real sobre o funcionamento do seu próprio corpo. Essa relação de confiança, como um novo tipo de diálogo entre homem e máquina, é fascinante.

Vivemos, sem dúvida, uma era em que a tecnologia é capaz de fazer maravilhas. Assim, os marcapassos modernos, por exemplo, vão além da simples função de regular o ritmo cardíaco; eles se conectam a aplicativos no smartphone, permitindo ao usuário monitorar não só a frequência cardíaca, mas também a atividade física, o sono e até as emoções. Um pequeno milagre, não acha? A rotina que antes era marcada por limitantes idas ao médico se transformou em uma experiência muito mais imediata e interativa. E o que dizer do conforto que isso traz? É reconfortante imaginar que, mesmo em momentos de incerteza, você pode ter informações sobre o seu estado de saúde na palma da mão.

Além disso, o que mais encanta é perceber como essa interação não afeta apenas o paciente, mas toda a estrutura de saúde. Profissionais estão cada vez mais integrados a essa nova forma de monitoramento, tornando-se capazes de antecipar crises e ajustar tratamentos em tempo real, um avanço absolutamente impressionante. Mas não devemos esquecer que, nesta jornada de inovação, surgem também questões delicadas. Como equilibrar a privacidade e a segurança quando os dados que geramos diariamente são tão preciosos?

Aqui vai uma reflexão. Já parou para pensar em como nos sentimos mais seguros sabendo que esses dispositivos estão monitorando nossa saúde, mas ao mesmo tempo, existe aquela apreensão sobre quem tem acesso a essas informações? É um dilema que não pode ser ignorado. Com isso, não se trata apenas de como a tecnologia nos serve, mas também de como a protegemos. O que pode parecer um avanço excepcional, pode rapidamente se tornar um pesadelo se não tivermos a cautela necessária.

E vou te contar, em um momento de descontração, um episódio que envolve um conhecido. Ele estava tão empolgado com seu novo marcapasso que decidiu organizar uma corrida com os amigos. Achou que poderia correr mais uma vez, como se tivesse reencontrado uma parte perdida de si mesmo. Mas, em um dado momento, sentiu uma pontada de preocupação ao se lembrar de que sua saúde estava literalmente nas mãos de um dispositivo. Essa história é um ótimo exemplo de como os dispositivos conectados podem ser libertadores e, ao mesmo tempo, fonte de ansiedade, não é mesmo? É como estar em uma montanha-russa de emoções.

À medida que a tecnologia avança, a sensação de empoderamento que um marcapasso pode oferecer é também acompanhada de um imenso senso de responsabilidade — tanto para o usuário quanto para os desenvolvedores. Há um profundo impacto emocional nessas trocas, que vai além do aspecto físico. A interação humana com a tecnologia deve ser sempre acompanhada de um cuidado genuíno. Portanto, pensar em sistemas de segurança eficazes e no respeito ao direito à privacidade devem estar no topo da lista de prioridades.

O que nos leva a vislumbrar um futuro que, embora repleto de promessas, ainda nos desafia a considerar até onde estamos dispostos a ir em nome da segurança e do bem-estar. Para onde iremos a partir daqui? A resposta pode não ser simples, mas é indiscutivelmente necessária. Estamos à beira de uma era em que a tecnologia se torna não apenas uma impulsionadora de avanços, mas igualmente um elemento complexo nas nossas relações e experiências mais fundamentais. É uma jornada intensa e, ao mesmo tempo, um convite a refletir: como manter a integridade da nossa saúde em um mundo tão intrinsecamente conectado?

A intersecção entre tecnologia e saúde é, sem dúvida, fascinante, mas ao explorarmos o universo dos dispositivos médicos conectados, é inevitável não encarar os desafios que surgem, particularmente no que tange à segurança e à privacidade dos dados. Imagine isso: você acorda pela manhã, e o seu marcapasso não é apenas um dispositivo que garante a batida do seu coração. Ele está conectado a tudo — à sua casa, ao seu smartphone, a sistemas de saúde — compartilhando informações em tempo real, potencialmente trazendo conforto e controle à sua vida. Contudo, essa conveniência traz consigo um medo velado que, muitas vezes, não é discutido abertamente.

A emergência do BioWorm, uma variante preocupante de malware, ilustra como os benefícios da conectividade podem ser eclipsados por ameaças sutis. Essa forma de ataque se aproveita das fragilidades presentes em dispositivos médicos, e essa é uma realidade alarmante. Não é apenas um conceito distante; é algo que pode tocar vidas de maneira profunda. A vulnerabilidade desses dispositivos significa que a segurança das informações pessoais e dos dados de saúde está em constante risco. Há pouco tempo, soube de um amigo que, ao acessar seu aplicativo de monitoramento cardíaco, recebeu uma notificação que parecia de um autor desconhecido, alertando sobre uma "atualização crítica". Um mês depois, surgiram notícias de ataques a sistemas de hospital. Fiquei paralisado. Poderia essa notificação ter um fundo de verdade? O que acontece se um hacker entra em seu dispositivo? Você sente um nó na garganta ao imaginar um cenário em que um marcapasso, que deveria ser a tábua de salvação, se torna uma armadilha invisível.

A percepção coletiva acerca da segurança dos dispositivos médicos está mudando. Enquanto a maioria de nós anseia pelas inovações que prometem melhorar a qualidade de vida, existe um eco persistente de dúvidas pairando no ar. E é preciso estar atento a isso. A confiança que depositamos nessas tecnologias é uma faca de dois gumes. Por um lado, a sensação de ter um dispositivo inteligente monitorando nossa saúde proporciona uma paz de espírito inestimável. Imagine voltar a praticar seu esporte favorito sabendo que a sua saúde está sob vigilância de um sistema inteligente e avançado. Porém, por outro lado, é crucial ponderar sobre até que ponto essa vigilância é realmente segura.

E aqui se desenha um dilema ético interessante: à medida que nossas vidas se entrelaçam cada vez mais com a tecnologia, estamos dispostos a abrir mão de um pouco de nossa privacidade em troca da conveniência? Esse é um questionamento que ressoa em muitos corações. Precisamos nos perguntar: será que a facilidade que o biohacking e os dispositivos conectados oferecem vale o preço da vulnerabilidade? Alguma vez você já parou para pensar na quantidade de informações que um simples app de saúde pode coletar? Eles acompanham não apenas batimentos cardíacos, mas hábitos, movimentos e emoções. Isso é inspirador, mas também assombroso, não é mesmo?

Os eventos vêm se desenrolando de forma intrigante. Num dia comum, você é apenas uma pessoa procurando um pouco mais de saúde e bem-estar. No outro, você pode ser parte de uma estatística, alguém que experimenta um ataque cibernético através de um dispositivo que deveria proporcionar segurança. Essa realidade nos força a reavaliar a forma como interagimos com a tecnologia e como a administramos. Ao mesmo tempo em que celebramos os avanços do biohacking, devemos permanecer vigilantes e conscientes. A proteção e a privacidade não são apenas uma questão técnica, mas uma necessidade humana fundamental.

Nesse novo cenário da medicina digital, somos todos, de certo modo, pioneiros de uma nova era. E, como tal, temos a obrigação de nos informar e nos educar acerca dos riscos que essa transformação traz. É um campo vasto, delicado e repleto de incertezas. Mas, em meio a tudo isso, uma coisa parece clara: enquanto buscamos aprimorar nossas vidas por meio do biohacking, é essencial que um compromisso com a segurança e a ética nos guie. Se não fizermos isso, corremos o risco de nos perder em um mar de incertezas, onde a promessa de um futuro melhor pode ser ofuscada pelo medo da vulnerabilidade. O que estamos dispostos a fazer para proteger nossa liberdade e saúde neste novo mundo conectado? Essa é uma questão que, definitivamente, merece nossa reflexão.

A atmosfera no hospital é um misto de rotina e urgência, com o barulho dos monitores e o cheiro de desinfetante permeando o ar. Os corredores são um labirinto onde cada segundo conta, e a confiança nas tecnologias conectadas é o que permite aos profissionais de saúde focar na vida. Imagine que, em um dia comum, Ana, uma enfermeira dedicada, estava cuidando de um paciente com um marcapasso inteligente. Essa pequena máquina, quase mágica, havia se tornado uma extensão do próprio corpo de José, um homem que redescobriu o prazer de correr após anos de limitações. A sensação de liberdade que o marcapasso trouxe para sua vida era digna de um filme.

Mas, como em toda história, o inesperado estava à espreita. Em uma manhã qualquer, enquanto Ana conferia os sinais vitais de José, um alerta soou no sistema: "Falha de comunicação com o dispositivo." O coração dela disparou, o que deveria ser um simples procedimento se tornara uma situação crítica. Afinal, aquele pequeno chip, que prometia uma vida melhor, agora poderia ser uma armadilha. Notes como o que parecia um simples dia voltou a pulsar na mente de Ana, uma dúvida angustiante ecoava em seus pensamentos: se um dispositivo tão essencial falhar, o que acontece com as vidas que ele sustenta?

As horas seguintes foram um turbilhão. Equipes se mobilizaram, todos corriam em busca de soluções. A tecnologia, que antes parecia assim tão reconfortante e sedutora, agora exibia suas vulnerabilidades de forma intensa. Uma conversa com um técnico revelou que um novo tipo de malware, o BioWorm, estava em ascensão, atingindo dispositivos médicos conectados, como uma sombra silenciosa que se arrastava através da rede. O que era um avanço na medicina agora se tornava parte de um quebra-cabeça enigmático: como proteger o que foi projetado para proteger?

Ana, que sempre acreditou na tecnologia como um aliado, começou a questionar a segurança por trás da austeridade dos sistemas conectados, o que poderia ser um milagre tornou-se um dilema existencial. José, que certa vez celebrava sua nova vida ativa, agora carregava o peso da incerteza. O marcapasso que prometia liberdade poderia, de fato, colocar sua vida em risco, e essa descoberta era um convite a uma reflexão intensa sobre a fragilidade das certezas.

Nesse cenário caótico, Ana decidiu se juntar a um grupo de debate sobre segurança digital em dispositivos médicos. A sala estava cheia de especialistas, mas somada a cada apresentação, ela sentia uma conexão pessoal, uma responsabilidade que parecia mais profunda do que meras estatísticas. Um número assustador de pessoas poderia estar sujeita a situações como a de José, e não se tratava apenas de manutenção, mas de um chamado à ação coletiva.

A urgência se misturava com a necessidade de um olhar mais meticuloso sobre a interseção entre tecnologia e vida humana. Como seria o futuro se essa interconexão não fosse tratada com a devida atenção? Conclusões rápidas não serviam mais, era essencial entender o que estava realmente em jogo. E naquele momento, a sala parecia mais viva do que nunca, um microcosmo de esperanças e receios, onde cada participante contribuía com experiências e visões sobre como navegar por um mundo que se tornava cada vez mais conectado, mas ao mesmo tempo mais vulnerável.

A conversa que se seguia estava repleta de questionamentos retóricos. Há um limite? Onde devemos traçar a linha entre segurança e progresso? As respostas não eram fáceis, mas a busca por elas se tornava o objetivo, como uma jornada que vale a pena ser vivida. O que, de fato, está em risco quando falamos sobre a vida que é potencialmente impactada por um simples código malicioso? Em tempos onde o corpo e a máquina estão tão entrelaçados, garantir a privacidade não era apenas uma necessidade; era uma questão de vida ou morte.

Assim, enquanto o dia fluía, uma nova percepção de vulnerabilidade se instalava no coração de cada um que estava presente. As conexões que antes pareciam sólidas agora exigiam um olhar mais profundo, um questionamento honesto sobre até onde íamos em nome da inovação. No final das contas, a tecnologia é um espelho da nossa vida, repleto de desafios e maravilhas, e a reflexão sobre o que valorizar nesse novo tempo conectava a todos em uma dança cautelosa entre confiança e vigilância.

Capítulo 2: A Origem e Evolução do BioWorm

A criação do BioWorm não ocorreu em um vácuo, mas sim como uma resposta a um cenário alarmante de vulnerabilidades crescentes nas novas tecnologias. Em um mundo onde a conectividade se tornou tão essencial, o aumento de ataques cibernéticos em dispositivos médicos não é apenas uma preocupação dos profissionais de tecnologia, mas também uma inquietação que permeia toda a sociedade. Um caso emblemático que não podemos deixar de mencionar é o ataque ao sistema de saúde de um hospital na Califórnia, onde hackers conseguiram acessar informações vitais de pacientes e interromperam operações essenciais. A sensação de vulnerabilidade nesse episódio não afetou apenas o hospital, mas ecoou pela confiança da população nas instituições que deveriam zelar pela sua saúde.

Enquanto esses ataques vão se tornando cada vez mais comuns, a história da cibersegurança nos ensina que a tecnologia avança em uma velocidade quiçá maior do que os esforços para sua proteção. A pressão por inovações rápidas nas áreas de saúde e tecnologia cria um campo fértil para as mentes maliciosas, levando muitas vezes segurança a um segundo plano. Um exemplo disso se deu em um grande laboratório farmacêutico, que, em sua busca por desenvolver um novo medicamento, decidiu sacrificar algumas etapas críticas de segurança em prol da agilidade no lançamento. O resultado? Um vazamento de dados sensíveis e uma crise de confiança que reverberou por toda a indústria.

Se pararmos para refletir, não é difícil ver a linha tênue que existe entre a ética e a malícia nas ações cibernéticas. Alguns hackers se veem como heróis, lutando contra sistemas que consideram opressivos, enquanto outros agem por mera ganância.

Essa dualidade nos leva a pensar: até onde vai a moralidade em um mundo onde tudo é possível na tela de um computador? Já se sentiu dividido entre apoiar uma causa e saber que os meios empregados podem ser questionáveis? Refletir sobre isso nos convida a mergulhar em um debate mais profundo.

Na essência, o BioWorm nasceu de frustrações acumuladas em meio a um ecossistema tecnológico que não conseguiu acompanhar seu próprio avanço. As regulamentações sobre segurança em dispositivos médicos e sistemas críticos ainda engatinham, e podemos indagar: será que estamos realmente preparados para lidar com as consequências desse descompasso? As histórias são hábeis em nos mostrar que os ataques não são meras falhas do sistema; são provocações à nossa maneira de viver e à nossa capacidade de nos defendermos em um ambiente cada vez mais hostil.

Quando olhamos para a trajetória do BioWorm, podemos ver que ele não é simplesmente um malware entre muitos, mas uma manifestação dos desafios enfrentados por sociedades que buscam a inovação sem a devida precaução. O BioWorm é, portanto, um espelho desse dilema: se uma defesa não for encontrada, o que nos aguarda? É angustiante pensar nessa resposta, e lugares como hospitais, que deveriam ser o lar do cuidado e da proteção, revelam a fragilidade do que muitas vezes consideramos seguro. O BioWorm, em sua essência, é uma realidade que, embora complexa, é fundamental para compreendermos as ameaças de nosso tempo.

Sensações de medo e desconfiança permeiam essa discussão, e cada narrativa traz à tona não apenas dados e estatísticas, mas histórias humanas que se entrelaçam com a tecnologia. Vemos, aqui, que cada click na internet pode ter repercussões reais. Nos próximos dias, das reflexões que se tornaram urgentes há alguns anos, será desenvolvida uma nova compreensão sobre a delicada relação entre tecnologia, saúde e segurança. Assim, seguimos, não como expectadores, mas como protagonistas de um enredo que poderá definir nosso futuro.

A trajetória do BioWorm é fascinante e, ao mesmo tempo, alarmante. Desde suas primeiras incursões na rede, essa ameaça foi se moldando a partir das necessidades e das vulnerabilidades do mundo digital. Uma coisa que chama a atenção logo de cara é como ele se distanciou de outros tipos de malware, especialmente quando consideramos a evolução das ferramentas digitais e o aumento das interações online. No início, quando o BioWorm apareceu, ele era basicamente uma versão primitiva, um experimento em busca de reconhecimento na esfera cibernética.

O que realmente inicia a jornada deste malware é a sua capacidade de adaptação. Inicialmente limitado, ele se nutria de falhas simples nos sistemas, explorando portas abertas em redes desatualizadas. Entretanto, à medida que o cenário de cibersegurança começou a se fortalecer, algo inusitado ocorreu: o BioWorm começou a se sofisticar. Ele não apenas aprendeu a contornar as barreiras colocadas à sua frente, mas incorporou inteligência artificial em sua programação. O resultado? Um organismo digital que se torna quase vivo, trabalhando em tempo real para driblar as defesas dos sistemas que deveria invadir.

Imagine um vírus se replicando, mas, ao invés de células, ele usa algoritmos e códigos. Essa semelhança com o mundo biológico não é meramente figurativa; é uma realidade. O BioWorm começou a se parecer com um ser orgânico em sua evolução, adaptando-se a novas situações, estratégias de defesa e até mesmo a métodos de resposta a incidentes.

Ao longo de sua evolução, dados e estatísticas começaram a surgir, revelando um crescimento exponencial nos ataques associados ao BioWorm. De acordo com estudos recentes, os ataques provocados por esse tipo de malware aumentaram em mais de 300% em um intervalo de apenas dois anos. É impressionante (e um tanto aterrorizante) perceber que apenas um único código pode ter causado tanto estrago.

Essa sofisticada metamorfose também levanta um paralelo interessante quando olhamos para outros tipos de malware. Pronto para se adaptar às novas variáveis, enquanto muitos se tornaram obsoletos ou enfrentaram barreiras impenetráveis, o BioWorm sobressaiu-se como uma exceção. A sua capacidade de evoluir e se diversificar tornou-se um estudo de caso intrigante em universidades e instituições de pesquisa. Foi durante essa fase que um dilema crítico emergiu: até onde um programa malicioso pode ir antes de se tornar um verdadeiro agente de transformação no espaço cibernético?

Para entender a complexidade dessa ameaça, é necessário conhecer não apenas suas estatísticas de crescimento, mas também a forma como os criadores do BioWorm foram influenciados por suas contrapartes na segurança digital. As contramedidas aumentaram em resposta, e aqueles que desenvolviam o BioWorm também se tornaram mais astutos. A cada novo sistema de defesa, uma nova versão do BioWorm surgia, cada vez mais inteligente, camuflando-se e utilizando técnicas avançadas de evasão. Essa adaptação constante fez do BioWorm não só um desafio para os profissionais de segurança, mas uma verdadeira inteligência com a habilidade de aprender.

Essa história multifacetada é um retrato vívido da interação humana com a tecnologia. As motivações por trás desse avanço são tão diversas quanto os próprios sistemas comprometedores que esses malwares visam atingir. E, ao mergulharmos mais fundo nessa análise, percebemos que a luta entre segurança e ataques cibernéticos é uma dança complexa, onde cada passo é fundamental para entender quais serão os próximos movimentos— tanto do lado da defesa quanto do ataque.

Assim, enquanto o BioWorm continua sua jornada de evolução, o que temos a fazer é refletir: até onde essa evolução nos levará? E quão preparados estamos para enfrentar o que quer que venha a seguir? Em um mundo onde a tecnologia avança vertiginosamente, a resposta não é simples e aumentam os desafios a cada novo dia. Este é apenas o início de uma história que promete ser intensa e cheia de desdobramentos inesperados.

A conexão entre grupos hacktivistas e o desenvolvimento do BioWorm é um aspecto fascinante e, ao mesmo tempo, inquietante. Esses grupos operam num espectro ético que desafia as normas convencionais, muitas vezes motivados por causas sociais e políticas que consideram essenciais. Imagine, por exemplo, uma sala escura onde um pequeno grupo de pessoas, unidas por ideais semelhantes, discute fervorosamente como expor irregularidades em grandes instituições. O clima é de fervor, de um desejo intenso de justiça quase palpável. Um deles pode ter um familiar que sofreu devido a práticas opacas de uma empresa farmacêutica. Outro pode ter sido pessoalmente afetado por uma decisão política absurda que impactou sua comunidade. Esses exemplos da vida real são as chamas que alimentam suas ações.

Esses hacktivistas, longe de serem apenas "hackers do mal" em busca de notoriedade, frequentemente veem suas ações como protestos. Eles se valem de técnicas que misturam habilidades técnicas avançadas com um profundo senso de responsabilidade social. Lembro-me de um relato de um jovem hacktivista que, ao invadir um sistema, não buscava apenas dados, mas expor um escândalo envolvendo a manipulação de dados de pesquisas. Ele considerou isso um milagre, ao menos para aqueles que se beneficiariam do conhecimento que ele traria à luz. Essa é a intensidade que muitas vezes passa despercebida. Para eles, o que fazem é uma resposta direta a injustiças percebidas. É um campo interessante este, onde a linha entre o bem e o mal se torna nebulosa.

Essa paixão se reflete nas metodologias empregadas. Enquanto muitos malwares evoluem focados em lucro financeiro, o BioWorm faz uma intersecção entre a cibersegurança e o ativismo digital. Os hacktivistas não estão apenas interessados em causar estragos; sua intenção muitas vezes é chamar a atenção para problemas maiores. Porém, onde exatamente termina o ativismo e começa o crime? Esta é uma pergunta que ecoa entre os círculos virtuais e também nos debates éticos da sociedade. Qualquer tentativa de responder a essa indagação frequentemente leva a um labirinto de justificativas e contradições.

Dificilmente se pode falar em hacktivismo sem mencionar as plataformas que servem como arena. O uso do ambiente online para mobilização e ativismo gerou uma rede complexa de informações que, para os leigos, pode parecer caótica, mas que, na verdade, possui uma lógica intrínseca e poderosa. Essa dinâmica promove a troca de ideias, estratégias e, claro, do próprio conhecimento técnico. Ao se imergir nesse universo, um novo recrutamento de talentos acontece. Historicamente, muitos dos grandes nomes do hacktivismo passaram por esse fluxo de troca e aprendizado, moldando-se nas ondas do que muitas vezes chamamos de ética hacker.

Esse caldo de cultura não apenas aperfeiçoou as habilidades desses indivíduos, mas também catalisou a evolução do BioWorm em um software mais sofisticado e adaptável. À medida que os criadores desse malware se depararam com as contramedidas de segurança cada vez mais robustas, tornaram-se essenciais um entendimento mais profundo do comportamento humano e das fraquezas dos sistemas. Esse contexto fez com que as metodologias de ataque fossem aprimoradas, incorporando elementos de engenharia social que se aproveitam das emoções humanas, criando uma interligação complexa entre o ciberespaço e a vivência cotidiana.

Imaginar a evolução do BioWorm é também pensar na forma como esses hacktivistas transformam suas convicções em ações. Eles se tornam quase como narradores de suas próprias histórias, e o BioWorm se transforma na ferramenta de que dispõem para contar suas verdades em um cenário que muitas vezes parece surdo ao clamor social. O tom de debate que surge dessa narrativa está longe de ser simples. Ele abarca dilemas morais profundos e revela a natureza multifacetada de um fenômeno que se tornou um dos muitos rostos da era digital.

Esta intersecção entre ativismo e cibersegurança gera uma reflexão poderosa sobre a fragilidade das normas que regem a ética no mundo digital. À medida que olhamos para o futuro, fica a pergunta: como as ações dos hacktivistas influenciarão a segurança cibernética no chão da fábrica? Como os profissionais de saúde, que lidam diretamente com a tecnologia no dia a dia, podem se proteger em meio a essa realidade enredada de ideais e ações? Essas indagações ressoam não apenas em fóruns digitais, mas em cada hospital e clínica, colocando em evidência a necessidade de uma compreensão mais profunda de quem se encontra por trás do BioWorm e das razões que o motivam.

O BioWorm, ao longo dos anos, foi se adaptando a um cenário de constantes mudanças e inovações no campo da tecnologia. Desde suas primeiras versões, essa ameaça cibernética evoluiu para se tornar uma das mais complexas e perigosas já registradas. À medida que as técnicas de segurança se sofisticavam, o BioWorm respondeu com métodos cada vez mais engenhosos para driblar as contramedidas implementadas pelos especialistas em segurança da informação. O que antes era uma simples infecção de software, agora se transformou em uma ferramenta astuta, utilizando técnicas como engenharia social e evasão de sistemas, onde cada pequeno detalhe é meticulosamente planejado.

Imagine um hospital em plena operação, com a correria dos enfermeiros nos corredores e o cheiro de desinfetante pairando no ar. Nesse ambiente vibrante, a tecnologia médica é vital. Porém, o BioWorm se infiltra como um lobo em pele de cordeiro, aproveitando-se da responsabilidade dos profissionais de saúde que precisam utilizar sistemas complexos e interconectados. A tensa interação entre tecnologia e vida humana se torna um jogo arriscado, onde um mero clique pode resultar em um colapso total do sistema hospitalar.

Um dos cenários mais alarmantes ocorre quando, em meio à pressão e ao estresse do dia a dia, um técnico descuidadamente abre um e-mail disfarçado de notificação de atualização do sistema. A luz azul do computador brilha intensamente em seus olhos, enquanto, em frações de segundos, o BioWorm entra em ação, contornando as defesas que foram meticulosamente construídas. Agora, os dados dos pacientes, que antes eram um tesouro protegido, ficam vulneráveis e expostos. Surge uma pergunta intrigante: o que significa cuidar da saúde em um ambiente onde a segurança é fictícia?

Nesse contexto dramático, o impacto do BioWorm na rotina dos profissionais de saúde é profundo. Não se trata apenas de perder dados ou enfrentar um sistema falho; trata-se de vidas que estão em jogo. Um médico pode hesitar diante de um histórico médico que se torna inacessível, e a insegurança permeia cada decisão. A angústia se acentua quando um paciente em estado crítico depende de um sistema que, naquele momento, se transforma em um inimigo invisível.

E aqui se apresenta um paralelo essencial com os dilemas éticos que permeiam o desenvolvimento do BioWorm. Enquanto alguns podem argumentar que o hacktivismo é uma forma de protesto legítima contra práticas injustas, pode-se questionar se a segurança e a saúde da população deveriam ser postas em risco em nome de uma causa. Assim, cada ataque reforça a necessidade de um debate acalorado sobre onde termina a ética e onde começa a criminalidade. Os grupos que desenvolvem o BioWorm são motivados por convicções que os levam a acreditar que estão agindo por um bem maior, mas a que custo?

O BioWorm, desta maneira, não é apenas uma ameaça técnica: é uma representação de uma batalha maior entre inovação, ética e o futuro da tecnologia. O crescimento dessa forma de malware não é um fenômeno isolado; é um sintoma da complexidade do mundo que habitamos, onde a vulnerabilidade é uma constante. Cada avanço tecnológico traz à tona não apenas novas ferramentas, mas também novas armadilhas que podem ser usadas de forma maliciosa.

Em um desfecho que provoca reflexão, a interseção entre tecnologia e a vida das pessoas se torna um campo de batalha repleto de incertezas. O BioWorm não apenas despertou uma onda de preocupação entre os especialistas em segurança, mas também deixou um rastro de histórias humanas que, agora, exigem nossa atenção. Com a segurança digital em xeque, a questão que perdura é: estamos prontos para lidar com as consequências desse novo cenário? Cada avanço, cada inovação, traz à luz não apenas possibilidades, mas também desafios massivos que lutamos diariamente para superar. A urgência dessa discussão não pode ser ignorada, pois o futuro depende das escolhas que fazemos hoje.

Capítulo 3: Anatomia Técnica do BioWorm

Neste capítulo, vamos nos aprofundar na estrutura interna do BioWorm, uma criação inquietante que combina tecnologia com uma complexidade que, honestamente, é impressionante. Vamos entender seus módulos e a arquitetura que compõem essa entidade digital, quase como um organismo, que se adapta e evolui conforme as circunstâncias. Imagine, por um momento, um ser vivo que aprende com seu ambiente, se moldando ao cenário ao seu redor. Essa é a essência do BioWorm, um código que, de alguma forma, ganha vida e se torna uma ameaça.

A primeira coisa a considerar ao falar sobre o BioWorm são seus componentes principais. Imagine uma máquina intrincada, onde cada parte desempenha um papel vital. O BioWorm é constituído de módulos que funcionam em harmonia, permitindo um sistema eficiente de ataque. Esses módulos são compostos por subcomponentes que realizam funções específicas, desde a coleta de informações até a disseminação em redes vulneráveis. E se eu te dissesse que cada um desses elementos é como um pequeno operário em uma fábrica, fazendo sua parte para que o todo funcione? Quando trabalham juntos, o poder de fogo se torna massivo, e o impacto de sua ação se transforma em algo que merece nosso total atenção.

Agora, paremos um instante para refletir sobre essa fascinante jornada tecnológica. Já pensou em como conseguimos chegar até aqui? A ideia de um código que é capaz de se auto-replicar e agir de forma independente é, antes de tudo, um milagre da habilidade humana. Mas ao mesmo tempo, levanta questões profundas sobre o que consideramos seguro. Tecnologia deve ser nossa aliada ou acabou se transformando em algo que precisamos temer?

Partindo dessa reflexão, vamos avançar para entender como o BioWorm se propaga. Ele utiliza vetores de infecção para infiltrar dispositivos, espalhando-se como uma erva daninha em um jardim. Os métodos que emprega são intrincados e frequentemente, o que é mais alarmante, se aproveitam das vulnerabilidades das redes em dispositivos médicos. Pense na fragilidade desses sistemas, que muitas vezes não recebem a atenção adequada em termos de segurança. Existe um caso, bem real, de um dispositivo médico vulnerável que foi atacado e comprometeu a vida de pacientes. Isso não só nos mostra a seriedade do problema, mas também nos faz sentir um frio na barriga, principalmente quando nos lembramos que a tecnologia que usamos diariamente pode estar conteudendo sombras.

Quando nos aprofundamos nas interações do BioWorm com dispositivos específicos, entramos em um território delicado. Alguns aparelhos, como monitores cardíacos e dispositivos de glicemia, são particularmente suscetíveis, e seus pontos fracos podem ser explorados com facilidade. Um engenheiro de sistemas de saúde que conheço passou por uma situação angustiante numa emergência, onde um alerta falso indicava uma falha crítica em um dispositivo médico. Ele havia passado horas verificando o equipamento, tudo em meio a uma pressão imensa. Imagine a tensão no ar, a urgência nos rostos de seus colegas, e a frase que ecoava em sua cabeça: o que acontece se isso for um ataque? Essa história ilustra o perigo real que o BioWorm representa.

No próximo passo lógico, falaremos sobre as consequências devastadoras que os ataques podem ter em sistemas de saúde críticos. Mas, por ora, quero que você visualize um cenário aterrador: alarmes disparando, pacientes em risco e equipes médicas lutando contra um inimigo invisível que se esconde no código. O BioWorm não é apenas um vilão digital; é uma ameaça à vida, que exige que nos concentremos em entender e combater sua presença em nossos sistemas.

Por fim, recorde-se de que o entendimento do BioWorm e suas complexidades não é apenas uma questão de curiosidade técnica, mas sim um chamado à ação. Quando o conhecimento toca no local certo, ele se transforma em poder. E, acredite, esse poder é fundamental para garantir a segurança em um mundo que se torna cada vez mais dependente da tecnologia.

O BioWorm não se limita a ser uma linha de código complexa; sua essência reside em como ele cria interações inesperadas com o ambiente onde se insere. Pense em um organismo que se adapta a diferentes nichos, modificando-se para prosperar em condições que seriam letais para outros. A estrutura interna deste agente é como uma rede intrincada, composta por módulos que se comunicam como neurônios em um cérebro, cada um contribuindo com uma função específica que, quando combinada, potencializa a capacidade de infiltração e propagação.

Imagine, por exemplo, um sistema de saúde moderno repleto de dispositivos interconectados. O BioWorm se insere nessa teia, utilizando vetores de infecção que exploram vulnerabilidades de segurança. Sua arquitetura é projetada para se mover de forma furtiva, quase como um artista em uma apresentação, onde um movimento errante pode ser desastroso. Essa analogia torna mais fácil visualizar como ele se infiltra em sistemas mais vulneráveis, como monitores de batimento cardíaco e bombas de insulina, sistemas que muitas vezes não estão próximos de ser impenetráveis.

Havia uma história que ouvi uma vez sobre um hospital que, sem saber, foi alvo de um BioWorm. Um dispositivo de monitoramento, que deveria salvar vidas, se transformou em uma porta de entrada para esse agente invasor. Profissionais de saúde encontraram-se em uma situação de pânico, lutando para restaurar o controle de seus sistemas, enquanto tentavam garantir a segurança dos pacientes. Essa situação traz à luz a vulnerabilidade que não é apenas técnica, mas também humana.

O BioWorm, enquanto se expande, aproveita-se das interconexões. É aqui que questões filosóficas começam a emergir, não apenas sobre o que constitui segurança na era digital, mas também sobre a confiança que depositamos na tecnologia. Será que estamos sendo prudentes ao aceitá-la sem questionar? Ou será que estamos, em última análise, dando espaço a agentes que podem ser inimigos invisíveis? É um dilema que talvez nunca tenhamos considerado em nossa vida cotidiana, mas que se torna palpável na realidade de um ataque cibernético.

Entre sistemas interligados, o BioWorm utiliza suas características técnicas para maximizar danos. Ele se aproveita da literalmente imensa quantidade de dados que trafegam pelas redes de saúde, muitas vezes sem a devida proteção. Aqui, elementos emocionais entram em cena: ao imaginar um paciente em um leito de hospital, inconsciente, dependente de um sistema que, devido a uma falha de segurança, pode falhar a qualquer momento, é impossível não sentir um frio na barriga. A fragilidade do que consideramos seguro se torna, então, um assunto profundamente sério.

A interação do BioWorm com dispositivos médicos revela ainda mais sobre suas capacidades intrigantes. Cada dispositivo, com suas particularidades, possui falhas que podem ser exploradas como uma tecla desafinada em um piano. Leitores de pressão arterial, desfibriladores e até mesmo sistemas de gerenciamento de medicamentos têm pontos que podem ser alvos. É como oferecer uma porta entreaberta a um intruso, mesmo quando se acredita estar protegido.

No final desse intricado panorama, surge mais uma reflexão. Imagine a cena: um hospital represado de alarmes, profissionais de saúde saturados de pressão e tensões, todos tentando restaurar a ordem em meio ao caos. Essa é a realidade que o BioWorm pode causar, e a urgência para entender suas implicações é um chamado para ação. Compreender o que está em jogo não é apenas crucial, mas vital em um mundo onde a linha entre proteção e vulnerabilidade se torna cada vez mais tênue. Assim, a narrativa adquire um novo tom: não se trata apenas de tecnologia, mas de vidas em risco. E essa é a motivação que nos une nesta jornada de compreensão e, espero, de superação.

Uma vez que começamos a explorar as implicações do BioWorm em dispositivos médicos, é fundamental nos aprofundarmos nas interações específicas que ele possui com esses aparelhos. Dispositivos como marcapassos, bombas de insulina e respiradores mecânicos são notavelmente vulneráveis. Imagine um marcapasso, esse pequeno mas vital dispositivo que mantém o batimento cardíaco em ritmo, sendo comprometido por um código. A ideia pode parecer surreal, mas a vulnerabilidade é real e preocupante.

Marcapassos, por exemplo, conectam-se a redes de hospitais que, muitas vezes, não são adequadamente protegidas. O BioWorm pode explorar esse ponto de entrada, infiltrando-se de maneira discreta e silenciosa. O que parece uma fraqueza técnica revela uma fragilidade assustadora. Há um caso, lá em 2017, em que marcapassos de uma determinada marca foram classificados inseguras. Os pesquisadores conseguiram, em um teste controlado, manipular o dispositivo à distância, alterando o comportamento e, em última instância, colocando a vida dos pacientes em risco. Foi um alarme que soou alto e claro para a comunidade médica.

Retornando a outras interações, bombas de insulina apresentam outro cenário alarmante. Pacientes diabéticos dependem delas para regular a glicose no sangue, mas se um BioWorm conseguir interagir com o sistema dessas bombas, a consequência pode ser resultado de uma ferida invisível. O que poderia começar como uma variação normal de dosagem, fruto de um ataque cibernético, culmina em hipoglicemia severa ou hiperglicemia, resultados que, em questão de minutos, podem se tornar fatais. O que faz o coração do BioWorm pulsar é sua capacidade de aprender e se adaptar. Ele observa padrões, descobre como as informações fluem nos dispositivos e se ajusta, como uma sombra.

Imagine a cena em uma unidade de terapia intensiva, onde um respirador mecânico falha inesperadamente. Pacientes, que dependem exclusivamente deste dispositivo para respirar, ficam à mercê de um inimigo invisível. A equipe médica corre contra o tempo, lutando para restaurar os sistemas e, sem saber, enfrentando não apenas a urgência do momento, mas a presença do BioWorm em seu meio. A história de um enfermeiro que teve de lidar com tal situação é impactante: ele descreveu a tensão no ar e a sensação de impotência diante da falha de um dispositivo que deveria ser confiável. O tremor em sua voz ao compartilhar essa lembrança é uma evidência clara do efeito que esses eventos têm na mente dos profissionais de saúde.

Voltando à questão da propagação, o BioWorm não se limita a um único dispositivo. Ele é capaz de se mover entre sistemas, quase como uma epidemia digital. Foi assim que um protótipo de um dispositivo de monitoramento introduzido em um hospital rapidamente se tornou vetor de infecção, comprometendo não apenas aquele equipamento, mas outros interligados na mesma rede. A rapidez com que ele se espalha é impressionante e revela a vulnerabilidade do setor de saúde como um todo.

As consequências de um ataque bem-sucedido são massivas. Um hospital pode perder a capacidade de monitorar sinais vitais, de controlar a dosagem de medicamentos. A agitação nas salas de emergência se intensifica, os alarmes ecoam e a equipe médica se vê em uma luta intensa contra uma crise, enquanto o BioWorm opera nas sombras, quase como uma força da natureza. A sensação de desespero é palpável, e as vidas em jogo tornam a situação ainda mais intensa e assustadora.

Diante de tudo isso, é impossível não refletir sobre a fragilidade da segurança em um mundo que se tornou cada vez mais dependente de tecnologias interconectadas. O que é considerado inovação pode, em um piscar de olhos, se transformar em uma armadilha. A reflexão sobre o que é seguro e o que é vulnerável adquire um novo peso quando se vê a magnitude das implicações que o BioWorm representa. Essa mistura de curiosidade, medo e a necessidade urgente de proteção nos convida a pensar se estamos prontos para enfrentar os desafios que virão.

A interação do BioWorm com dispositivos médicos vulneráveis é um ponto crucial a ser compreendido. Dispositivos como marcapassos, bombas de insulina e equipamentos de diagnóstico estão no centro dessa discussão, todos com a essência de salvar vidas, mas, ao mesmo tempo, expostos a intrusões maliciosas. Imagine um marcapasso, que deve proporcionar um impulso constante e reconfortante ao coração de alguém. Agora, considere a brutalidade de um código malicioso que penetra esse dispositivo, manipulando seu funcionamento. É de arrepiar, não é? Essa é uma realidade que profissionais da saúde enfrentam, e ela se torna ainda mais tangível quando se relata experiências na linha de frente.

Recentemente, ouvi uma história de um cirurgião que, ao iniciar um procedimento, percebeu que o monitoramento do ritmo cardíaco parecia... estranho. Os alarmes foram acionados, mas ninguém sabia dizer o que estava acontecendo. Um marcapasso estava sob ataque. Um momento que deveria ser de esperança e confiança transformou-se em um pesadelo tecnológico. O desespero na sala de cirurgia era palpável, e a sensação de impotência, avassaladora. Essa situação, por mais angustiante que seja, serve como um alerta sobre a necessidade de um sistema de segurança robusto em ambientes hospitalares.

Outro aspecto essencial é a vulnerabilidade dos sistemas de gestão hospitalar. Aqui, os BioWorms podem infiltrar-se através de redes de comunicação mal protegidas, aproveitando-se das interconexões entre dispositivos. A realidade é impressionante e, ao mesmo tempo, preocupante: na corrida pela inovação, muitas vezes esquecemos de considerar a segurança como um escudo à frente da espada da tecnologia. Até onde podemos chegar na busca por progresso antes que esses avanços se tornem uma porta aberta a invasores?

Em face de tudo isso, a discussão sobre as consequências é imprescindível. Os impactos de um ataque do BioWorm em um hospital são devastadores. Vamos imaginar, por um instante, um cenário em que uma unidade de terapia intensiva é atingida. Alarmes ecoam pelo corredor enquanto as telas dos monitores começam a exibir leituras erráticas. Pacientes que dependem de suporte vital, com seus familiares apreensivos do lado de fora. Tudo isso num mundo onde a tecnologia deveria oferecer conforto, mas que, em vez disso, se torna uma armadilha. O caos reina. Essa visão não é apenas uma possibilidade de ficção científica, mas uma realidade tangível diante da nossa crescente dependência da tecnologia nas áreas de saúde.

Portanto, é essencial que essa questão seja amplamente debatida. Os responsáveis por desenvolver e manter sistemas de saúde devem se equipar com conhecimento para não apenas criar, mas proteger. Um diálogo entre tecnologia e ética deve florescer, para que possamos cultivar um ambiente seguro e saudável tanto para os pacientes quanto para os profissionais. Não podemos subestimar a importância de um panorama onde a segurança e a inovação andam de mãos dadas. Afinal, estamos lidando com vidas humanas, e cada pequeno avanço deve considerar as implicações que traz. Ao final, é nossa responsabilidade garantir que a evolução tecnológica seja realmente um avanço e não um risco   escondido sob   a   superfície.

Capítulo 4: BioWorm em Ação – Casos Reais e Simulações

Vivemos em um mundo onde a tecnologia se entrelaça com a vida humana de maneiras inimagináveis. Agora, imagine que um dispositivo médico, a ferramenta que deveria salvar vidas, se torna o próprio agente de um desastre. É angustiante, não é? Neste capítulo, vamos explorar casos reais em que o BioWorm foi identificado como responsável por incidentes críticos, trazendo à tona a fragilidade da confiança que depositamos na tecnologia, especialmente quando se trata da saúde.

Vamos começar com a história de Luísa, uma mulher de 62 anos que, após uma cirurgia de coração, passou a depender de um marcapasso. O que parecia ser um caminho de recuperação tranquila logo se transformou em um pesadelo. Um dia, durante sua consulta de rotina, os médicos detectaram que o dispositivo estava funcionando erraticamente. A equipe médica trabalhou incansavelmente, mas uma investigação revelou a presença de um BioWorm que havia penetrado o sistema do marcapasso, manipulando sinais vitais e colocando em risco a vida de Luísa. O desespero nos olhos da filha, que aguardava na sala de espera, é algo que ficará marcado para sempre na mente de quem estava presente.

E como essa situação afetou Luísa? Ela não apenas enfrentou a dor física da iminente correção do marcapasso, mas também a angústia emocional de saber que a tecnologia, que deveria garantir sua segurança, havia falhado. "Eu sempre confiei naquilo", comentou ela durante uma entrevista após sua recuperação. Esse tipo de narrativa revela mais do que apenas dados técnicos; expõe a vulnerabilidade humana e a relação simbiótica que temos com os dispositivos a que nos entregamos à mercê da tecnologia.

Outro caso interessante é o de um hospital no interior de Minas Gerais, onde um ataque de BioWorm gerou um efeito dominó devastador. A instituição, que já lutava para atender um fluxo de pacientes em alta, teve seu sistema de monitoramento de dados comprometido. Médicos e enfermeiros estavam sem acesso a informações vitais, e isso resultou em decisões erradas em momentos críticos. Um paciente, que necessitava de assistência imediata, não recebeu a medicação adequada a tempo e entrou em estado de choque. O desespero e a frustração foram palpáveis, não apenas entre a equipe médica, mas também no próprio ambiente. "Eu me senti impotente. A tecnologia que deveria me ajudar parecia estar contra mim", declarou um médico que estava na linha de frente, claramente emocionado ao relembrar aquele dia.

Esses relatos revelam que, além dos danos físicos, há uma camada profunda de impacto emocional e psicológico que muitas vezes é esquecida em discussões técnicas. Não estamos lidando apenas com máquinas; estamos falando de vidas, de sonhos e, fundamentalmente, de relacionamentos. Cada um desses incidentes nos força a refletir: até que ponto podemos confiar em dispositivos que se tornaram essenciais para nossa sobrevivência?

A fragilidade dessa relação traz à tona uma reflexão poderosa sobre a vulnerabilidade humana diante de um mundo altamente tecnológico. Será que, ao nos entregarmos a inovações, esquecemos de nos proteger? A humanização desse debate é crucial, pois precisamos lembrar que, por trás de cada dispositivo, há pessoas com histórias. Ao expor os relatos de Luísa e do médico em Minas, estamos nostros não apenas analisando o impacto técnico do BioWorm, mas humanizando a discussão sobre segurança digital, trazendo à luz a dor, o medo e a insegurança que esses incidentes provocam.

A importância de humanizar a discussão em torno do BioWorm não pode ser subestimada. Essas histórias nos lembram que, como sociedade, precisamos elevar a conversa para além dos números e das análises técnicas e nos conectar com a realidade emocional dos indivíduos que dependem desses dispositivos. Ao fazermos isso, estamos não apenas levantando questões de segurança e eficácia, mas reconhecendo a complexidade das experiências humanas que estão em jogo. Essas reflexões são essenciais para avançarmos na busca por soluções que realmente protejam as vidas que temos o dever de preservar.

Os efeitos dos ataques envolvendo o BioWorm nas instituições de saúde vão além da mera preocupação com a segurança tecnológica; eles revelam um labirinto de desafios emocionais e operacionais que, muitas vezes, ficam camuflados nas análises gerais sobre cibersegurança. Imagine, por exemplo, o desespero de uma equipe médica ao perceber que um equipamento vital, como um monitor cardíaco, pode estar comprometido. Há uma pressão intensa tanto para salvar a vida de um paciente quanto para entender como aquele ataque ocorreu. A vulnerabilidade da tecnologia se traduz em uma fragilidade humana que impacta diretamente a capacidade de resposta dos profissionais de saúde.

Em um desses incidentes, um hospital enfrentou um alerta inesperado quando um dispositivo de infusão começou a administrar a medicação errada. O que se seguiu foi uma verdadeira montanha-russa emocional, tanto para os médicos quanto para a família do paciente. Com os corações acelerados, os profissionais tiveram que agir rapidamente, investigando a fonte do problema enquanto tentavam manter a calma na sala. A tensão era palpável. Em meio ao estresse, um dos enfermeiros, com um toque de humor nervoso, comentou: "Se eu soubesse que ia ser assim, teria levado um café extra esta manhã". Essa pequena interação, embora leve, retrata o peso emocional que recai sobre aqueles que trabalham na linha de frente.

As instituições de saúde não são apenas lugares onde se realiza atendimento, mas sim ambientes repletos de histórias, medos e esperanças. Quando um ataque como o do BioWorm acontece, as repercussões vão além da mitigação de riscos; elas afetam a dinâmica do trabalho em equipe e a relação de confiança entre o hospital e os pacientes. Esses espaços, que já lidam com a vulnerabilidade da saúde, agora enfrentam uma realidade em que a tecnologia, que deveria ser um suporte, se torna um adversário. A pressão para reagir eficazmente é imensa, e muitas vezes, os profissionais se veem discutindo estratégias em meio ao caos, ponderando se conseguirão manter a salvaguarda dos pacientes.

A análise de casos concretos revela que, em face desses ataques, muitas instituições sentiram a necessidade de reformular não só seus protocolos de segurança como também de repensar a própria abordagem de cuidados. Profissionais de diferentes áreas começaram a dialogar sobre como integrar a cibersegurança à prática clínica, percebendo que a proteção não pode ser um conceito isolado, mas sim uma parte intrínseca do cotidiano. Essa ideia leva a discussões importantes: quem é o responsável por garantir que a tecnologia funcione como aliada e não como um risco?

Um aspecto que se destacou em vários relatos é o dilema de recursos. Hospitais que já lutam com orçamentos limitados se veem obrigados a investir em soluções de segurança, desviando verbas que poderiam, talvez, ser utilizadas para outras melhorias no atendimento. A frustração é intensa, como se estivessem em um jogo em que a segurança é constantemente ameaçada por peças inesperadas e traiçoeiras. E a pergunta que frequentemente surge é: como podemos garantir que nossas equipes estejam preparadas para essas incertezas?

No meio desta tormenta, algumas soluções surgem como um raio de esperança. Treinamentos regulares e simulações de crises têm se mostrado ferramentas essenciais. Essas iniciativas não apenas equipam os profissionais com conhecimento técnico, mas também promovem um senso de comunidade. Quando alguém percebe que todos estão no mesmo barco, a carga parece um pouco mais leve. E, claro, a realidade de um ambiente onde a segurança digital é levada a sério torna-se uma priorização coletiva.

Essas discussões sobre segurança em instituições de saúde vão além do técnico. Elas tocam em medos e esperanças, em expectativas e frustrações. Os profissionais estão constantemente se perguntando: estamos fazendo o suficiente? E a preocupação com a vulnerabilidade não diz respeito apenas aos sistemas, mas também à vida que pulsa dentro dos hospitais. A humanidade nesse contexto revela-se como um elo vital que liga tecnologia e cuidado.

Portanto, o que podemos aprender com essa jornada por um ambiente cada vez mais digitalizado e vulnerável? Cada incidente serve como um lembrete de que a tecnologia deve servir à vida e não o contrário. A integração de protocolos de segurança e a humanização do atendimento não são metas opostas, mas partes de uma narrativa maior em que cada profissional é um protagonista. Além disso, é preciso ter em mente que a adaptação às novas realidades deve ser contínua; o diálogo entre segurança e cuidado deve se manter sempre aberto, sempre acolhedor. Afinal, são as vidas que estão em jogo, e cada ação deve ser orientada pela empatia e pela responsabilidade coletiva.

As lições aprendidas a partir dos incidentes envolvendo o BioWorm vão muito além das falhas técnicas. Elas revelam um mosaico de vulnerabilidades humanas e organizacionais que, em muitos casos, não eram reconhecidas. Quando analisamos os impactos desses ataques, podemos perceber como a confiança depositada na tecnologia se choca com a realidade, gerando uma experiência muitas vezes desgastante e desafiadora para todos os envolvidos.

Profissionais de saúde, que passaram anos se dedicando a cuidar de vidas, viram-se repentinamente diante de uma situação de caos. Hospitais que sempre foram refúgio de cura se transformaram em cenários de incerteza. A segurança dos pacientes, em vez de ser uma prioridade inquestionável, tornou-se uma preocupação flutuante. A frustração se misturava com a impotência ao perceber que a própria tecnologia, criada para promover avanços, podia ser uma porta de entrada para o medo.

Imaginemos a enfermeira Ana, que estava em seu turno quando o sistema de monitoramento de pacientes foi invadido. Os monitores, que deveriam fornecer dados vitais, começaram a emitir alarmes incessantes. Ela lembra que, em um momento, a sensação de terror a dominou. "Pensava nos pacientes, nas famílias... Como poderíamos manter todos seguros?" Essa experiência não foi apenas crítica na perspectiva técnica, mas revelou uma fragilidade emocional que pode ser facilmente exacerbada em situações de emergência.

Os desafios enfrentados pelas instituições de saúde se extenderam além de apenas repor sistemas e tech support. A confiança do público foi dilacerada. Quantos pacientes hesitariam antes de se submeter a um procedimento essencial? Esse tipo de questionamento ecoa entre os profissionais que, dia após dia, se esforçam para oferecer o melhor cuidado. O dilema é intenso: como equilibrar a necessidade de inovação tecnológica com a urgência de proteger a segurança humana?

Essa reflexão nos leva a pensar em como as experiências passadas devem moldar o futuro. O que poderia ter sido feito diferente? O que faltou na estrutura organizacional para prever esses ataques? Essas perguntas não devem ser meras formalidades. Elas deveriam ser parte de uma conversa contínua entre os setores da saúde e da cibersegurança. O aprendizado prático é fundamental; só assim as instituições podem se preparar melhor e ser resilientes.

Na busca por soluções, muitos profissionais começaram a incorporar discussões abertas sobre os riscos da tecnologia na rotina diária. A formação dos funcionários, a análise crítica dos sistemas e a realização de simulações de invasão tornaram-se práticas essenciais. Essa educação continuada vai muito além da segurança técnica e chega ao âmago do que significa ser um profissional da saúde em tempos de incerteza.

Por fim, ao encerrar este tópico, podemos colocar em perspectiva a necessidade de uma abordagem proativa. Essa não deve ser apenas uma resposta a incidentes passados, mas sim um alicerce para que novas práticas possam ser implementadas. Como podemos, enquanto sociedade e profissionais, garantir que a inovação tecnológica caminhe lado a lado com a ética e a segurança? O futuro da saúde depende dessa reflexão crítica.

As lições que emergem das experiências anteriores são profundas e reveladoras. Ao analisarmos o que instituições e especialistas em cibersegurança aprenderam a partir dos incidentes críticos causados pelo BioWorm, é imprescindível compreender que a segurança não é apenas uma questão técnica, mas uma interseção complexa entre tecnologia e o bem-estar humano. O dilema é muitas vezes angustiante: como garantir que a tecnologia, que tem o potencial de salvar vidas, não se transforme em um risco à saúde dos pacientes?

Refletir sobre essa pergunta é essencial. É fácil entrar em uma rotina onde as falhas de segurança parecem distantes, mas quando um ataque se materializa, a urgência do momento exige uma resposta rápida e eficaz. Diversas instituições passaram por momentos de grande tensão após identificarem que seus sistemas de dispositivos médicos estavam comprometidos. Relatos de profissionais que vivenciaram esses episódios revelam o caótico ambiente de trabalho em situações de crise. Um médico, por exemplo, pode se vê-lo diante da escolha de priorizar a segurança de um paciente ou a operação de um equipamento que, a princípio, deveria assegurar a sua saúde. Essa decisão não é simples. As pressões enfrentadas são massivas e cada segundo conta.

O aprendizado gerado a partir de situações críticas envolve não apenas a adoção de novas tecnologias, mas sim uma reformulação ampla da cultura organizacional voltada à segurança. As instituições precisam cultivar um ambiente onde todos compreendam a importância de reportar falhas e potenciais ameaças, criando uma rede colaborativa que promove a transparência e o diálogo. Perguntas como "O que poderíamos ter feito diferente?" se transformam em um mantra. Estabelecer uma cultura de segurança não é um evento único, mas um processo contínuo e meticuloso. O envolvimento de todos os colaboradores, do administrativo ao médico, é essencial nessa jornada.

Além do treinamento necessário, deve-se também enfatizar a importância da documentação e da simulação de incidentes. Vivemos em um mundo onde a previsibilidade é um raro luxo. Ao realizar simulações de ataque, as equipes podem se preparar melhor para o inesperado. Essas práticas permitem que todos aprendam a operar sob pressão, reduzindo o impacto emocional que um evento real pode provocar. Ao reunirem-se para discutir e praticar cenários de crise, os profissionais também criam um senso de união e camaradagem que é fundamental em momentos de estresse.

Por fim, é essencial que as conversas sobre segurança em dispositivos médicos estejam sempre atualizadas. À medida que novas tecnologias estão em constante desenvolvimento, as ameaças também evoluem. A comunidade de cibersegurança deve estar em constante alerta, engajando-se ativamente na troca de informações e melhores práticas. Isso não é apenas uma responsabilidade institucional, mas um compromisso da sociedade em promover um ambiente onde a saúde e segurança dos pacientes sejam prioritárias.

Assim, ao construir um espaço seguro, é imprescindível adotar uma perspectiva que abrace tanto as tecnologias avançadas quanto a fragilidade humana. A segurança não é uma fatia exclusiva do setor tecnológico; é uma rede que envolve todos, desde engenheiros de software até profissionais de saúde. Quando cada um assume a sua parte nessa responsabilidade, então, talvez, estaremos um passo mais próximos de um cenário onde incidências como as causadas pelo BioWorm sejam uma lembrança distante. Que cada lição aprendida ecoe como um milagre de superação e a promessa de um futuro mais seguro e acolhedor no campo da saúde.

Capítulo 5: Estratégias de Defesa e Proteção

A segurança cibernética em dispositivos médicos é um tema que, a cada dia, ganha mais destaque. À medida que estamos cada vez mais conectados, a vulnerabilidade desses equipamentos torna-se uma preocupação central para hospitais e clínicas que desejam oferecer cuidados de qualidade sem expor seus pacientes a riscos desnecessários. As técnicas de hardening são um caminho eficaz para fortalecer essa defesa. Vamos explorar várias estratégias práticas que podem ser implementadas para reforçar a segurança.

Um exemplo interessante pode ser encontrado em um hospital que recentemente decidiu implementar mudanças no gerenciamento de acesso de sua rede. Antes, eles utilizavam senhas padrão para muitos dispositivos médicos, levando à insegurança. Após uma revisão meticulosa, a equipe implementou um sistema de autenticação com múltiplos fatores e treinou seus profissionais para usar senhas robustas e únicas. O resultado? Eles observaram, em questão de meses, uma redução significativa nos ataques cibernéticos. Os profissionais de saúde passaram a se sentir mais tranquilos, sabendo que seus equipamentos estavam mais seguros. Essa situação é apenas um exemplo de como pequenas ações podem gerar impactos massivos na segurança geral.

Uma outra técnica valiosa é a atualização constante do software dos dispositivos médicos. Imagine um celular que você usa diariamente. Quando recebe uma atualização, a maior parte das vezes, são correções de segurança que.visam proteger as informações e melhorar o desempenho. O mesmo se aplica aos dispositivos médicos. Manter o software atualizado pode parecer uma tarefa simples, mas é essencial para evitar que vulnerabilidades conhecidas sejam exploradas por atacantes. A responsabilidade aqui é de todos os envolvidos — não só da equipe de TI, mas também dos médicos, enfermeiros e todo o pessoal que lida com esses equipamentos.

Agora, e falando em conscientização, é fundamental que os profissionais da saúde compreendam a importância de estarem bem informados sobre as fragilidades que cercam seus equipamentos. Muitas vezes, um simples erro humano pode abrir portas para um ataque devastador. É como deixar uma janela aberta em casa — os intrusos podem entrar facilmente. Por isso, promover treinamentos regulares sobre segurança cibernética e realizar simulações de incidentes pode preparar a equipe para agir rapidamente, reduzindo o risco de um ataque bem-sucedido e promovendo um ambiente mais seguro.

Um caso específico que merece destaque é o de um hospital na Califórnia. Após adotar essas técnicas de hardening, não só reforçou a segurança, mas também conseguiu aumentar a confiança dos pacientes em sua infraestrutura. Com essa confiança restaurada, muitos relatos de pacientes começaram a surgir, elogiando as mudanças notadas no atendimento e na tecnologia assistiva utilizada na instituição. As melhorias na segurança cibernética tornaram-se parte da cultura do hospital, educando cada vez mais seus profissionais sobre a importância de se proteger contra ameaças.

Diante do exposto, fica claro que a implementação de melhorias na segurança dos dispositivos médicos requer uma abordagem meticulosa e coletiva. Dispositivos mais robustos, um treinamento regular e uma cultura de conscientização são essenciais para que os profissionais da saúde possam desempenhar sua função com segurança e eficácia. E, mais importante, os pacientes também precisam sentir que estão seguros ao confiar suas vidas a esses profissionais.

Reforçando, a conscientização sobre segurança cibernética deve ser uma prioridade para todos — não só para quem trabalha nos bastidores da tecnologia, mas para médicos, enfermeiros e técnicos. Estar atento a essas vulnerabilidades não é apenas uma questão de segurança, mas uma questão de ética, pois estamos lidando, em última instância, com a vida das pessoas.

A segmentação de redes hospitalares desempenha um papel crucial na defesa contra a crescente ameaça cibernética que paira sobre o setor de saúde. Imagine um hospital como uma grande casa, cheia de ambientes distintos, cada um com seus próprios tipos de dispositivos e equipamentos. Assim como uma casa com várias portas e janelas, se uma delas estiver trancada, os invasores terão um acesso limitado. Isso é exatamente o que a segmentação faz: isola áreas vulneráveis, impedindo que um ataque a um único dispositivo se espalhe e cause danos em toda a rede.

Tomemos como exemplo um hospital que teve um grave incidente de segurança. Um equipamento médico comprometido de alguma forma — talvez um pequeno computador usado na monitoração de pacientes — foi o ponto de entrada para um ataque mais amplo, que rapidamente se alastrou, colocando em risco dados sensíveis de pacientes. Após esse evento, a administração resolveu implementar a técnica de segmentação de rede, criando barreiras entre sistemas críticos. Com isso, mesmo que um dispositivo fosse afetado, o impacto na rede seria contido, evitando uma catástrofe. Essa ação simples, mas estratégica, teve um impacto massivo na segurança do hospital, permitindo uma resposta mais rápida e eficiente a eventuais ocorrências.

Muitas vezes, os profissionais de saúde não percebem a vulnerabilidade que a falta de segmentação pode acarretar. É vital que eles compreendam que a segmentação não é apenas uma medida técnica, mas sim uma prática que pode salvar vidas, protegendo informações que, em caso de vazamento, poderiam causar danos irreparáveis a pacientes e instituições. Por exemplo, um técnico de enfermagem que tenha acesso a um dispositivo não deveria, automaticamente, ter acesso a todas as informações presentes na rede. A segmentação, portanto, age como um filtro, restringindo o acesso a dados sensíveis, sem comprometer a eficiência do trabalho cotidiano.

Além disso, a segmentação precisa ser acompanhada de boas práticas de gestão e monitoramento constante. É essencial que haja uma equipe treinada e comprometida, capaz de identificar anomalias dentro de cada segmento. Quando um problema é detectado rapidamente em um ambiente isolado, o tempo de resposta pode ser drasticamente reduzido. Isso não significa ampliar a complexidade do fluxo de trabalho, mas sim integrar a segurança como uma parte central da operação hospitalar.

Por outro lado, implementar uma rede segmentada requer um planejamento cuidadoso. Assim como arquitetos devem considerar o design de cada ambiente numa casa para garantir funcionalidade e segurança, quem estiver responsável pela rede deve avaliar cuidadosamente quais sistemas devem ser segmentados e como. Muitas vezes, o caminho mais curto pode parecer atrativo, mas a segurança exige um olhar meticuloso, que considere todos os aspectos do funcionamento do hospital.

A analogia com espaços físicos nos ajuda, de fato, a compreender a importância dessas medidas. Pense: se você organizar sua casa, separando a área de trabalho do espaço de lazer, está criando um ambiente mais funcional e seguro. O mesmo se aplica à rede hospitalar. Com a segmentação, cada "quarto" digital cumpre sua função sem invadir os espaços alheios.

E o que dizer sobre as pessoas envolvidas nesse processo? A importância do envolvimento de toda a equipe de saúde é imensa. As normas devem ser claramente comunicadas e entendidas. Médicos, enfermeiros e administradores precisam considerar onde a segurança se entrelaça com o atendimento ao paciente. Um erro simples, como conectar um dispositivo a uma rede inadequada, pode ter repercussões sérias.

Se pensarmos nas rotinas diárias do hospital, podemos desenhar um paralelo com o ato de organizar uma festa. Todos os detalhes precisam estar em harmonia, desde a entrada dos convidados até onde cada um sentará. Não podemos deixar brechas que permitam que a segurança seja comprometida. Neste encontro de responsabilidades, cada membro da equipe tem um papel fundamental na proteção do ambiente hospitalar.

Por fim, convidar os leitores a refletirem sobre suas próprias experiências e rotinas pode ser um grande passo para a conscientização. Já se imaginou em uma situação onde a segurança dos dados de pacientes fosse comprometida por conta de um simples esquecimento de boas práticas? É uma situação que pode parecer distante, mas numa era tão conectada, as razões para manter a vigilância se tornam mais que evidentes. Como um ecoatório, a proteção da rede se reflete em todos os níveis de atendimento. A pergunta que continua no ar é: estamos nós todos fazendo a parte que nos cabe para garantir a segurança de quem nos confia suas vidas?

Um aspecto crucial na segurança cibernética em ambientes hospitalares é a escolha correta de ferramentas de detecção e resposta a incidentes. Vivemos numa era onde as ameaças estão em constante evolução, e isso exige uma abordagem proativa. As opções disponíveis no mercado são diversas, permitindo que as instituições de saúde adaptem suas necessidades à realidade de seu funcionamento. Podemos começar a explorar essa gama de ferramentas.

Entre as soluções mais populares estão os softwares de monitoramento, que oferecem uma visão abrangente dos dispositivos conectados à rede, rastreando atividades suspeitas e alertando a equipe sobre comportamentos anômalos. Essa vigilância em tempo real é fundamental para detectar precocemente intrusões e potencializar a ação baseada em dados. Por outro lado, temos as soluções de automação de resposta a incidentes, que permitem que as instituições atuem com rapidez quando uma ameaça é identificada. Essas ferramentas são projetadas para minimizar o tempo de resposta, que em situações de emergência pode ser decisivo.

Pensando na aplicação prática dos conhecimentos, é essencial que as equipes sejam treinadas para usar essas ferramentas de maneira eficiente. Ao lembrar do meu primeiro contato com um software desse tipo, recordo a apreensão e a satisfação ao compreender que tinha nas mãos um poder incrível de controle. A sensação de estar preparado para lidar com qualquer eventualidade é realmente reconfortante e deve ser compartilhada entre os profissionais de saúde. Perceber que esses colaboradores não estão apenas utilizando ferramentas, mas participando ativamente da segurança de todo um sistema é transformador.

Ainda, a escolha das ferramentas deve ser baseada em uma análise cuidadosa das necessidades específicas de cada instituição. Um sistema de saúde pequeno pode não necessitar das mesmas capacidades que um grande hospital. Por isso, é necessário fazer um levantamento meticuloso das operações diárias, das vulnerabilidades conhecidas e dos possíveis riscos, algo que pode ser prejudicado se houver uma abordagem superficial.

A integração dessas ferramentas com as políticas de segurança da informação da instituição é um ponto de destaque. Não adianta contar com tecnologia de ponta se os procedimentos e o comportamento dos funcionários não refletirem conscientização e rigor. Além disso, a cultura de segurança deve ser cultivada, trazendo à tona a responsabilidade coletiva de cada membro da equipe. O ideal é que não seja apenas um grupo designado para a segurança, mas que todos se sintam parte desse esforço.

Um desafio que muitos enfrentam diz respeito à sobrecarga de dados gerados por essas ferramentas. A correlação de alertas e eventos precisa ser inteligente, evitando que a equipe se sinta inundada por informações sem sentido. Criar um plano de resposta clara, que desenvolva uma cadeia lógica a partir de um alerta, ajuda não só a evitar confusões, mas também a fomentar uma cultura de segurança ativa. Além disso, um trabalho em conjunto, onde cada membro da equipe participa das discussões, pode levar à descoberta de fragilidades que, por vezes, passam despercebidas.

Da mesma forma, é importante investir em atualizações e manutenção dessas ferramentas. O mundo digital é dinâmico e exige que qualquer solução utilizada esteja sempre à frente das tendências de ataque. Perder um software por falta de acompanhamento é um risco desnecessário. Portanto, além da operação, o planejamento deve incluir um cronograma rigoroso para atualizações, garantido que os dispositivos e sistemas estejam sempre alinhados com as melhores práticas do mercado.

Refletir sobre o que acabamos de discutir leva a uma pergunta pertinente: qual o papel que cada um assume dentro dessa rede de segurança? Qual é realmente o nível de comprometimento nas ações cotidianas para proteger não apenas equipamentos, mas vidas? É um momento para introspecção. Cada um de nós, que fazemos parte do sistema de saúde, deve assumir essa responsabilidade, pois a segurança cibernética deve ser vista como um esforço conjunto, um verdadeiro milagre de colaboração no ambiente hospitalar. É preciso superar a ideia de que a segurança é apenas responsabilidade de um departamento específico. Essa abordagem integrada é o que se mostra mais inspirador e eficaz.

No cenário atual, é fundamental que os profissionais da saúde estejam atentos às melhores práticas de proteção de dados, especialmente quando falamos de dispositivos médicos. Um quadro comparativo se torna uma ferramenta indispensável para guiar a escolha entre diferentes estratégias e ferramentas de proteção disponíveis no mercado. Essa comparação não apenas facilita a compreensão das opções, mas também ajuda a identificar o que mais se adequa à realidade específica de cada instituição.

Considerando o conjunto de estratégias, começamos com a segmentação de redes. Essa abordagem oferece uma divisão clara entre os dispositivos médicos e outros sistemas de informação, como se cada departamento de um hospital fosse uma sala com acesso limitado. Isolar cada setor fortalece as defesas, proporcionando segurança adicional que evita a propagação de um ataque. Ao analisar os custos e benefícios, percebe-se que, embora a segmentação demande investimentos em um primeiro momento, a economia em incidentes futuros e a proteção da privacidade dos pacientes justificam amplamente a implementação.

Por outro lado, temos as ferramentas de detecção e resposta que se mostram igualmente essenciais. Aqui, a escolha entre softwares de monitoramento e soluções de automação pode ser decisiva. As ferramentas de monitoramento proporcionam uma visualização em tempo real, permitindo que equipes de TI identifiquem e respondam rapidamente a qualquer anomalia. Já as soluções de automação atuam de maneira proativa, neutralizando ameaças antes que possam causar danos. Analisando o uso dessas ferramentas, é possível perceber que, com o treinamento adequado, a equipe conseguirá manobrar essas tecnologias com um grau de eficiência que traz uma sensação de segurança e controle, algo que se traduz em um cuidado maior com os pacientes.

Ademais, é preciso levar em conta o investimento em capacitação. A tecnologia é tão boa quanto a habilidade de quem a utiliza. Investir no conhecimento da equipe não é um gasto, mas um compromisso com a segurança hospitalar. E, a partir dessa perspectiva, torna-se imprescindível garantir que todos estejam alinhados, compreendendo não só o uso das ferramentas, mas também os riscos envolvidos.

Considerando as diferentes estratégias de proteção, um elemento que não pode ser esquecido é a abordagem holística. Ao empregar boas práticas em conjunto, como formação contínua, segmentação e uso de ferramentas de monitoramento, a segurança torna-se massiva. Uma infraestrutura robusta e bem planejada é capaz de resistir a ataques que, de outra forma, poderiam se espalhar como um incêndio. Estamos constantemente envolvidos em um jogo de estratégia, onde cada movimento conta e a preparação faz toda a diferença.

É preciso, portanto, confrontar questões como: estamos realmente fazendo o suficiente? Qual é o preço da inação? Até que ponto estamos preparados para enfrentar um cenário onde a segurança cibernética pode ser, na verdade, uma questão de vida ou morte? Esses questionamentos nos levam a refletir sobre a responsabilidade que carregamos ao lidar com a confiança dos pacientes, aqueles que nos entregam suas vidas em nossas mãos.

Assim, ao olharmos para o futuro da proteção de dispositivos médicos, entendemos que essa é uma jornada contínua, onde cada pequeno passo pode trazer grandes mudanças. Não é apenas uma questão técnica, mas uma missão que envolve empatia e compromisso com a segurança. Portanto, a escolha de uma estratégia deve ser feita com um olhar atento aos detalhes e um profundo respeito pela vida que dela depende. Se não houver uma ação proativa, a pergunta que fica é: estamos prontos para enfrentar o inesperado?

Capítulo 6: Combatendo o BioWorm – Técnicas Avançadas A

eterna batalha contra malware, especialmente em um contexto tão delicado como o dos dispositivos médicos, exige um arsenal de técnicas e estratégias eficazes. Aqui, destaco a importância da engenharia reversa como uma ferramenta essencial na identificação de vulnerabilidades do BioWorm. Vamos desbravar essa técnica, passo a passo, e compreender como ela se torna fundamental na luta contra ameaças emergentes.

Engenharia reversa é um termo que pode parecer muito técnico, mas pense nela como um modo de decifrar um enigma complexíssimo, como um detetive investigando uma cena de crime. No contexto da cibersegurança, isso significa analisar um software (neste caso, o BioWorm) para descobrir como ele funciona. Em essência, procura-se entender a lógica por trás do código, identificando suas fraquezas. Essa prática não é novidade; ao longo da história, ela teve um papel crucial na neutralização de diversas formas de malware. Um exemplo memorável é o caso do vírus Code Red, que em 2001 paralisou servidores ao redor do mundo. Especialistas utilizaram engenharia reversa para não apenas entender o funcionamento do malware, mas também para desenvolver soluções que pudessem neutralizá-lo rapidamente.

Mas como se dá a aplicação prática da engenharia reversa na luta contra o BioWorm? Primeiro, é necessário criar um ambiente controlado para a análise. Isso geralmente envolve a utilização de máquinas virtuais, que permitem isolar o malware do sistema principal. Em seguida, os especialistas começam o processo de desconstrução do código, normalmente utilizando ferramentas específicas como descompiladores e depuradores.

Essas ferramentas ajudam a traduzir o código de máquina em algo que os humanos possam entender.

Um dos primeiros passos nesse processo é a análise estática, onde se examina o código sem executá-lo. Aqui, é como desfiar um novelo de lã: você vai puxando as linhas e, eventualmente, começará a ver como tudo se conecta. Em seguida, vem a análise dinâmica, onde o código é executado em um ambiente seguro e controlado. Isso permite que os investigadores observem o comportamento do malware em tempo real, assim como um cientista observando uma reação química.

Como você pode imaginar, a engenharia reversa exige um olhar meticuloso e perspicaz. Não é apenas uma questão de habilidade técnica, mas também de paciência e criatividade. Muitas vezes, os especialistas se deparam com obstáculos inesperados e precisam pensar fora da caixa para superar os desafios apresentados pelo código malicioso. Um erro comum é subestimar a complexidade do malware. O BioWorm, por exemplo, pode se disfarçar, confundindo suas origens e dificultando a sua identificação.

Histórias de sucesso não faltam nesse campo. Lembro-me, como se fosse ontem, de um grupo de especialistas que, diante de um novo malware altamente sofisticado, utilizou a engenharia reversa de forma brilhante. Com uma série de análises e testes, eles conseguiram traçar uma linha do tempo detalhada do comportamento do código, identificando assim uma fraqueza crítica que havia passado despercebida. O resultado? Um patch de segurança que salvou milhares de dispositivos de um ataque iminente. Essa é a força da engenharia reversa. É absolutamente inspirador como uma mente curiosa e um método rigoroso podem resultar em um verdadeiro milagre de proteção.

Portanto, quando falamos sobre a luta contra o BioWorm, a engenharia reversa não é apenas uma técnica, mas uma filosofia de defesa proativa. É uma forma de desmistificar o que parece intrincado e volátil. Ao conhecer o inimigo, estamos mais bem armados para enfrentá-lo e, quem sabe, até surpreendê-lo com uma reação rápida e eficaz. Essa jornada na identificação de vulnerabilidades é, sem dúvida, um componente essencial da cibersegurança nos dias de hoje.

A segurança em dispositivos médicos não é apenas uma questão tecnológica, mas sim um complexo emaranhado de metodologias e práticas que buscam garantir que informações vitais dos pacientes sejam mantidas à salvo. Entender como realizar um teste de intrusão, ou pentesting, em tal contexto é essencial para quem deseja se aprofundar na cibersegurança em saúde. É fascinante pensar que, em um setor onde cada batimento cardíaco conta, a vulnerabilidade de um sistema pode ser um convite ao desastre.

Pentesting envolve diversas etapas e requer uma abordagem minuciosa e meticulosa. Em geral, o primeiro passo é a coleta de informações, o que compreende um estudo detalhado dos dispositivos e sistemas que serão avaliados. É como preparar o terreno antes de uma investigação; você precisa saber onde e como as ameaças podem se ocultar. Essa fase pode incluir a análise de documentação técnica e a realização de entrevistas com equipes de tecnologia que conhecem o sistema em questão. Ah, se você soubesse como cada pequeno detalhe pode fazer a diferença, desde o jeito que um dispositivo é programado até como ele interage com outros sistemas!

Depois disso, chega a hora de explorar as vulnerabilidades. Aqui, os olhos se tornam devoradores de dados, buscando falhas, brechas e qualquer ponto que possa ser explorado. A simulação de ataques é uma forma eficaz de verificar a segurança do sistema. Durante esse processo, os profissionais atuam como um invasor que, em vez de causar dano, está comprometido em entender onde e como o sistema pode ser mais robusto. Isso tudo é feito em um ambiente controlado, claro, onde as possíveis falhas podem ser testadas sem causar riscos reais à saúde dos pacientes.

Essas simulações, no entanto, não são apenas exercícios em teoria. Elas têm um impacto extremamente prático. Imagine um dispositivo que fornece medições críticas em tempo real: um ataque cibernético poderia falsificar esses dados ou, em situações mais terríveis, desligar o aparelho. Por isso, cada teste realizado é uma forma de criar uma segurança mais sólida, um capacete a mais que protegem os que se encontram na linha de frente, sejam eles pacientes ou profissionais de saúde.

Refletindo sobre essa prática, é interessante considerar o contexto das tecnologias em saúde. Muitas vezes, o que se vê são dispositivos com software legado, apresentando desafios ainda maiores no processo de pentesting. Esses sistemas antigos podem ser particularmente vulneráveis, uma vez que não recebem as atualizações e os cuidados necessários ao longo do tempo. Um desafio que deve ser encarado com um olhar crítico e bem fundamentado. E é nesse momento que a percepção de um profissional se molda: é fundamental que esses indivíduos enxerguem as situações a sua volta com um olhar de detetive, reunindo pistas, analisando dados e, muitas vezes, precisando convencer as partes interessadas da urgência de implementar melhorias.

Um aspecto crucial nesse cenário também é a comunicação. A interação constante e eficaz entre os testadores e as equipes de desenvolvimento é, sem dúvida, o elo que pode garantir a aplicação de soluções adequadas. Muito além do técnico, é uma conversa que envolve confiança e respeito pelo trabalho de cada um. Quando esses profissionais sentam-se à mesa juntos, buscando soluções em conjunto, torna-se claro que a segurança não é responsabilidade de um só, mas de toda uma equipe que trabalha em uníssono.

Por fim, o que se deve lembrar é que, em um mundo interconectado, onde as fronteiras entre o digital e o físico se tornam cada vez mais tênues, cada ação conta. Portanto, a responsabilidade que vem com a realização de um pentesting não deve ser subestimada. Resultados positivos não apenas oferecem segurança, mas trazem à tona uma consciência coletiva sobre a importância de uma infraestrutura de saúde resiliente e sempre alerta. Afinal, cada medição, cada dado armazenado, tem uma vida atrás, e essa é uma responsabilidade que não podemos esquecer.

A colaboração entre fabricantes de dispositivos médicos e especialistas em cibersegurança é um aspecto crucial na construção de um ambiente seguro em um setor que demanda rigor e excelência. Quando pensamos na complexidade do ecossistema da saúde, é fácil entender por que essa parceria é tão vital. Imaginemos um dispositivo que ajuda a monitorar a saúde do coração de um paciente. Ele deve ser não apenas funcional, mas também resistente a ameaças que podem comprometer não só dados sensíveis, mas a própria vida do usuário. Portanto, unir expertise em engenharia de produto com a sabedoria em cibersegurança é uma jornada essencial.

As interações entre esses dois mundos geram soluções inovadoras. Um exemplo real é a criação de recursos de segurança embutidos no ciclo de vida do produto, desde o design inicial até o lançamento. Quando essas duas partes trabalham juntas desde o início, podem identificar e mitigar riscos potenciais antes mesmo que o produto chegue a mercado. Isso traz um diferencial competitivo valioso, permitindo uma abordagem proativa em vez de reativa.

No entanto, colocar essa colaboração em prática não é uma tarefa simples. Uma das grandes barreiras são as diferenças culturais que existem entre as equipes de desenvolvimento e os especialistas em cibersegurança. Muitas vezes, a mentalidade da engenharia se concentra na inovação e na funcionalidade. Por outro lado, os especialistas em cibersegurança têm uma visão mais criteriosa, frequentemente lembrando a todos da necessidade de proteger dados e sistemas. Essa dicotomia pode gerar atritos, mas é preciso olhar para isso como uma oportunidade de crescimento. A comunicação aberta e a criação de um espaço onde ideias podem ser compartilhadas são essenciais para superar desafios.

Um estudo interessante abordou a experiência de uma empresa de dispositivos médicos que implementou sessões regulares de brainstorming entre suas equipes de engenharia e cibersegurança. O resultado? A proteção de dados no novo produto foi amplamente melhorada e, de quebra, a equipe de engenharia se tornou mais consciente das limitações e ameaças cibernéticas. Isso não apenas reforçou a segurança do produto, mas também incentivou uma cultura de segurança integral dentro da organização. Um verdadeiro exemplo de como, ao quebrar muros, todos podem alcançar o objetivo maior de proteger vidas.

Além disso, é importante considerar o suporte contínuo às atualizações de software dos dispositivos médicos após o seu lançamento. Em um cenário em que novas vulnerabilidades são descobertas praticamente todos os dias, as atualizações em tempo real podem ser a diferença entre a segurança e um ataque devastador. A colaboração pode se estender para a criação de um mecanismo ágil que permita o compartilhamento de informações sobre ameaças emergentes, fortalecendo a defesa de dispositivos existentes.

Entretanto, essa sinergia também traz à tona questões éticas. É fundamental que todos os envolvidos entendam a responsabilidade que têm em garantir a segurança dos pacientes. Dilemas éticos podem surgir, por exemplo, ao lidar com dados sensíveis. Como podemos garantir que esses dados sejam tratados com a máxima privacidade, enquanto continuamos a desenvolver sistemas que si mesmos aprendem e se adaptam? Aqui, a transparência se torna uma tônica. Ser honesto com os usuários sobre como suas informações são utilizadas é essencial para construir uma relação de confiança.

Em meio a tudo isso, é vital lembrar que cada passo dado nessa direção não é apenas uma questão técnica, mas uma questão de cuidado com a vida. A cibersegurança no setor da saúde deve ser abordada com coração, sempre priorizando o bem- estar dos pacientes acima de qualquer outra coisa. Por fim, ao intensificar essa colaboração, todos saem ganhando: os fabricantes, os especialistas em cibersegurança e, acima de tudo, os pacientes que confiam suas vidas a esses dispositivos. Essa é uma responsabilização coletiva que transcende fronteiras e une esforços em prol de um futuro mais seguro. O reconhecimento de que estamos todos no mesmo time é o primeiro passo para um ambiente mais sólido e protegido.

A questão da ética e responsabilidade na cibersegurança é mais do que uma necessidade; é uma obrigação moral. À medida que o mundo se torna cada vez mais conectado e dependente da tecnologia, o que se espera é que essa conexão venha acompanhada de um compromisso ético de todos os envolvidos. Não se trata apenas de proteger sistemas ou informações, mas de garantir que a saúde e a segurança das pessoas estejam em primeiro lugar. Há um profundo impacto nas vidas humanas quando falamos de dispositivos médicos vulneráveis, e entender isso é essencial para todos os profissionais da área.

Ao considerar os dilemas éticos surgidos na defesa contra ameaças como o BioWorm, é importante refletir sobre como a tecnologia pode ser utilizada de forma responsável. Por exemplo, imagine um pesquisador que descobre uma falha crítica em um dispositivo que pode afetar milhares de pacientes. O impulso imediato poderia ser comunicar isso da forma mais rápida possível, mas será que isso realmente vai proteger as pessoas? A pressa pode resultar em pânico ou em usos inadequados da informação. A comunicação deve ser clara, transparente e ainda assim cuidadosa, respeitando a vulnerabilidade dos pacientes.

A responsabilidade não recai apenas sobre as empresas que fabricam os dispositivos. Profissionais da saúde também desempenham um papel crucial. Ser um "guardião" da segurança dos pacientes é desconfortável, mas necessário. Entre consultas e diagnósticos, como podemos garantir que estamos fazendo o nosso melhor para proteger as informações dos nossos pacientes e a eficácia dos dispositivos que utilizamos? Quando se pensa em cibersegurança, é comum imaginar especialistas em tecnologia isolados, mas a verdade é que cada um de nós tem um papel nesse grande quebra-cabeça.

E se um hacker ético identifica uma vulnerabilidade em um dispositivo médico? Essa situação pode ser complexa. Por um lado, há o dever de expor a fraqueza para que ela seja corrigida. Por outro, existe o risco de expor a empresa e, consequentemente, os pacientes a um problema maior. Como proceder? A linha entre agir corretamente e causar um alvoroço é tênue. Um debate aberto, onde a transparência e a colaboração se tornam pilares, pode permitir uma resposta mais adequada a esses dilemas.

Além disso, a colaboração entre fabricantes e especialistas em cibersegurança é essencial. Não é uma questão de quem é o responsável, mas de como todos podem se unir em prol de um objetivo comum: proteger vidas. Em vez de apenas seguir o regulamento, é vital que as empresas estabeleçam um diálogo contínuo com profissionais de segurança e com usuários finais. Essa troca de informações não apenas melhora a segurança dos produtos, mas também cria um ambiente em que a ética é uma parte integrante do desenvolvimento e da operação. Uma abordagem holística pode ajudar a prevenir as ameaças antes mesmo que elas surjam.

Sem dúvida, somos todos humanos, tentando fazer o melhor em um campo que está sempre mudando. Compartilhar experiências, dúvidas e até mesmo falhas – sim, falhas – pode ser incrivelmente enriquecedor. Já pensou em um grupo de profissionais se reunindo para discutir como resolver um problema ético complexos? É como estar em um café, onde os desafios se transformam em oportunidades de aprendizado. Essa interação não é apenas reconfortante, mas absolutamente essencial para construir um espaço seguro, onde todos se sintam responsáveis e capazes de agir.

É crucial entender que a ética na cibersegurança não é um assunto a ser tratado apenas em papeladas ou reuniões formais. É uma prática diária, um compromisso que deve ser cultivado por todos os indivíduos e organizações. A integridade e a responsabilidade devem estar incorporadas nos processos, desde a fase de design dos produtos até o uso no cotidiano. Afinal de contas, estamos lidando com dados sensíveis, informações de saúde e, o mais importante, vidas humanas. Ignorar esse aspecto seria um grande erro.

Refletir sobre esses dilemas éticos nos ajuda a construir um futuro mais seguro. Em um mundo onde a tecnologia avança em passos largos, ser ético é, sem dúvida, a escolha mais inteligente e sensata. O que se espera é que os valores humanos prevaleçam sobre as meras questões técnicas. Assim, ao nos depararmos com a complexidade da cibersegurança e com ameaças como o BioWorm, a vontade de agir de maneira responsável torna-se não só importante – é essencial.

Capítulo 7: O Futuro do Biohacking e Lições Aprendidas

Nos últimos anos, o biohacking emergiu como uma prática intrigante, incorporando tecnologias e métodos revolucionários que prometem não apenas monitorar, mas também otimizar a saúde humana. À medida que caminhamos para o futuro, novas tendências começam a despontar nesse campo dinâmico, revelando um futuro que combina inovação tecnológica com a complexidade da experiência humana.

Vamos falar sobre as inovações que estão moldando o biohacking. As tecnologias de aprimoramento genético estão ganhando força. Imagine um mundo onde é possível modificar genes para aumentar a resistência a doenças, otimizar funções cerebrais ou até mesmo prolongar a vida. Isso pode soar um tanto futurista, mas essa é a direção em que a ciência está avançando. Porém, junto a essa promessa de saúde e longevidade surge a necessidade de refletir sobre questões éticas e de segurança. Quem, afinal, deve ter acesso a essas tecnologias? E o que fazer com o imenso conjunto de dados que será gerado por essa prática? Tais perguntas não são apenas pertinentes; são essenciais para navegar por esse novo território.

Falando em dados, os wearables estão se tornando cada vez mais sofisticados. Se você já usou um smartwatch, sabe que eles oferecem muito mais do que apenas a contagem de passos. Temos dispositivos que monitoram a frequência cardíaca, a qualidade do sono e até o nível de estresse. Mas o que mais impressiona é a promessa de dispositivos implantáveis que vão além do mero acompanhamento. Imagine um chip que, além de coletar dados de saúde, pode ajustar a medicação automaticamente ou avisar o usuário sobre uma emergência iminente. Esse é o futuro almejado, mas também nos traz à tona a discussão sobre privacidade e a segurança de dados médicos. Como proteger essas informações que são, de fato, parte da nossa essência?

Vamos olhar para a vida de alguém que decidiu fazer uma escolha audaciosa. Conheci Luciana, uma profissional de marketing de 35 anos que, confrontada com uma doença crônica, optou por implementar um dispositivo biohacking em seu corpo. Para ela, não era apenas uma questão de saúde, mas uma questão de qualidade de vida. Ao implantar esse dispositivo, ela não só conseguiu monitorar seus níveis glicêmicos em tempo real, como também ajustou sua dieta e rotina. Mas isso não veio sem dilemas. Numa conversa íntima, Luciana compartilhou suas ansiedades sobre a dependência dessa tecnologia e as implicações que isso poderia ter em sua vida pessoal e profissional. Ela se perguntava até que ponto a tecnologia deveria intervir em nossas vidas.

Essa pergunta ecoa em muitos dos que adotam o biohacking como parte integrante de sua jornada de saúde. As inovações trazem vantagens imensas, mas também uma responsabilidade moral. Cabe a nós, enquanto sociedade, ponderar sobre o que significa humanizar a tecnologia. A transformação dos nossos corpos e mentes não deve ser feita de maneira leviana. Há um aspecto reconfortante, mas ao mesmo tempo desencadeador de discussões profundas, em cada nova ferramenta que surge para potencializar o humano.

É crucial que as inovações no biohacking sejam cercadas de responsabilidade. Quem vai regulamentar o que é aceitável? Como as empresas se comprometem a garantir a segurança dos dados que afetam a saúde das pessoas? Essas são questões que não podem ser ignoradas. A linha entre o avanço tecnológico e a ética precisa ser cuidadosamente trilhada, pois somos todos vulneráveis a essas mudanças, sejam elas emocionantes ou assustadoras.

Assim, ao nos aprofundarmos nas tendências emergentes do biohacking, é essencial não apenas admirar os avanços, mas também reconhecer a complexidade ética que vem junto a eles. O futuro, promissor e ao mesmo tempo repleto de desafios, exige de nós uma consciência crítica e uma abordagem cuidadosa. E quem diria que a intersecção entre saúde, tecnologia e humanidade poderia ser tão intensa, tão profunda?

A inteligência artificial tem se tornado um protagonista indiscutível no cenário da medicina moderna, especialmente quando se fala sobre implantes médicos e sua integração com dispositivos que prometem revolucionar a saúde do ser humano. Imaginem só essa transformação: um cenário em que algoritmos sofisticados não apenas analisam dados de saúde, mas também se tornam aliados no processo de tomada de decisões, como se estivessem ajudando médicos e pacientes a dançar em perfeita harmonia. Essa realidade não está tão distante assim; é quase palpável.

Agora, vamos falar sobre a medicina personalizada, um conceito que ressoa fortemente com a ideia de biohacking. A medicina personalizada busca adaptar tratamentos e cuidados às características individuais de cada paciente. É como se a saúde estivesse recebendo um tratamento sob medida. Isso não é apenas uma questão de escolher o remédio correto, mas um convite a um entendimento mais amplo da individualidade humana. Para dar um exemplo real, conheci uma mulher que viveu anos lutando contra uma condição rara. Quando finalmente se encontrou com um médico que utilizava IA para examinar suas condições, toda a trajetória de sua vida mudou. O sistema analisou seu histórico de saúde, suas interações passadas com medicamentos e, em última análise, ofereceu um plano personalizado que finalmente trouxe alívio. Em meio a isso, fiquei pensando na intensidade emocional que essa jornada envolveu. A expectativa misturada com o medo do desconhecido, a esperança de um milagre — tudo isso me leva a refletir sobre a responsabilidade que a implementação de tais tecnologias traz consigo.

Por outro lado, as discussões sobre segurança são inevitáveis. À medida que a terapia se torna mais personalizada e a tecnologia avança, surgem questões sobre a proteção dos dados sensíveis dos pacientes. Como garantir que essas informações não sejam manipuladas ou expostas indevidamente? A segurança deve ser uma prioridade acima de tudo. Não é só sobre ter tecnologia; é sobre confiar nela. E a verdade é que os departamentos específicos, tanto em hospitais quanto em clínicas, precisam ser orientados a se preparar para essa nova realidade, onde o cuidado entra em um amplo campo de julgamentos éticos e praticidades cotidianas. Há uma inquietação em saber que a saúde das pessoas pode depender não apenas das escolhas dos médicos, mas também da integridade dos sistemas que eles utilizam.

Em momentos em que a inovação se apresenta como uma coisa bela, não podemos ignorar as camadas de complexidade que a cercam. Fico pensando nas discussões que surgem entre os profissionais de saúde, os fabricantes de tecnologia e os legisladores. A coordenação entre esses grupos não é apenas desejável; é fundamental. Me lembro de um vídeo que assisti recentemente em que um médico falava sobre um dispositivo que aprendeu a monitorar padrões de sono. A ferramenta ajustava as recomendações diárias com base em dados coletados, e o resultado foi impressionante. Imagine como essa personalização elevada pode mudar a relação de uma pessoa com seu próprio corpo e ritmo de vida. É quase uma sinfonia entre corpo e tecnologia.

E, ao refletir sobre essa sinergia, as perguntas se multiplicam: quais padrões emergem na relação entre as pessoas e suas informações de saúde? Existe uma ansiedade subjacente, uma preocupação natural com o que pode acontecer se essas tecnologias não forem administradas adequadamente? E quanto a um futuro em que a medicina não apenas responde a doenças, mas as antecipa? Esses desafios vão além da técnica; eles trazem à tona questões profundamente humanas.

Neste novo panorama, a regulamentação se torna uma peça chave. É intrigante pensar como o futuro dependerá da habilidade dos governos e instituições em garantir que essas inovações permaneçam ao serviço da saúde e não de interesses ocultos. A criação de normas e protocolos para assegurar a eficácia e segurança dessas tecnologias é um desafio que deve ser enfrentado com um olhar atento e crítico. Portanto, não se trata apenas de inovação pela inovação, mas de inovação que respeite a dignidade e a privacidade das pessoas.

Assim, nesse mar de transformações, a integração da inteligência artificial nos cuidados e implantes médicos não é um mero capricho tecnológico. É um campo fértil de possibilidades, desafios e, acima de tudo, de responsabilidade coletiva. Cada passo em direção à personalização e à predição deve ser dado com o compromisso de melhorar vidas, proteger dados e, quem sabe, alcançar um nível de consciência em que todos se sintam parte de algo maior. Afinal, a saúde, quando bem cuidada, é um bem precioso e deve ser tratado como tal. Essa reflexão é um convite a todos nós para não apenas observar, mas também participar, questionar e exigir um futuro que respeite a humana complexidade.

A importância do treinamento contínuo em cibersegurança para profissionais de saúde é um tema que não pode ser subestimado. À medida que o biohacking avança e novas tecnologias surgem, a necessidade de uma formação sólida se torna essencial. É realmente intrigante pensar em como esse campo está em constante evolução, e o que isso implica para os profissionais que lidam diretamente com as novas ferramentas e sistemas que prometem melhorar a saúde das pessoas.

Recentemente, conversando com um amigo médico, ele me contou sobre sua experiência ao implementar um novo software de monitoramento de pacientes. Ele me disse que, embora tivesse estudos e manual, a real compreensão só veio após algumas semanas de uso. O sistema tinha peculiaridades que não estavam nos tutoriais. Aquela situação me fez refletir: não seria essa a realidade de muitos profissionais? A educação não pode e não deve ser apenas teórica. Precisamos integrar teoria e prática de forma mais eficaz. Workshops, simulações de cenários reais e um diálogo aberto sobre dificuldades enfrentadas no dia a dia são fundamentais, pois possibilitam que os profissionais não apenas compreendam as ferramentas que usam, mas que também se sintam confortáveis para lidar com os desafios que surgem.

Ainda nesse contexto, vale a pena ouvir o relato de uma enfermeira que, em sua rotina, teve que navegar por protocolos paradoxais em um novo sistema. Ela se sentia frustrada, à mercê de uma tecnologia poderosa, mas cujo funcionamento era, por vezes, um mistério. O impacto emocional dessa experiência não era apenas sobre a tecnologia em si, mas sobre a confiança dela enquanto profissional. Encontrar-se confusa em uma situação que deveria facilitar seu trabalho é desanimador. A pressão para se adaptar e oferecer o melhor cuidado possível se intensifica à medida que a tecnologia avança.

E se formos honestos, a realidade é que muitos ainda não se sentem preparados para lidar com as nuances do biohacking e da cibersegurança. Na medicina, onde se lida com vidas, isso pode ser ainda mais crítico. Instruções de manuais frequentemente não abrangem todas as situações. Por isso, o treinamento deve ser contínuo, um compromisso que se estenda durante toda a carreira. Isso me faz lembrar de um relato sobre uma equipe de tecnologia que decidiu criar uma sessão de feedback regular com os profissionais de saúde, e o resultado foi a descoberta de falhas e sugestões valiosas que melhoraram a ferramenta drasticamente. Isso mostra que a voz do usuário deve ser escutada sempre.

Diante desse panorama, é crucial que as instituições de saúde apostem em um aprendizado que não seja estático. Os cursos devem atender não apenas às novidades tecnológicas, mas à capacidade de adaptação dos profissionais. Quando falamos de um compromisso contínuo com a educação, estamos falando de um ciclo que envolve atualização, troca de experiências, e uma rede de suporte entre os colegas que pode ser profundamente enriquecedora. Ouvir o que um colega tem a dizer sobre sua experiência pode ser tão reconfortante quanto educativo. E, em um ambiente tão desafiador como o da saúde, isso é um verdadeiro milagre.

Por fim, é fácil ver que a educação em cibersegurança não deve ser encarada como uma obrigação, mas sim como uma oportunidade. Ela não só protege os dados dos pacientes, mas também resgata a confiança do profissional em sua prática. É um processo que se repete, um ciclo de aprendizado sem fim, onde cada novo desafio é uma chance de crescimento, não só técnico, mas emocional. Afinal, num cenário onde tantos fatores estão em jogo, o que mais precisamos é de emoção, conexão e a certeza de que sempre há um próximo passo a ser dado.

A conversa sobre a implementação de dispositivos "security-by-design" se torna cada vez mais relevante à medida que avançamos no terreno do biohacking. Imaginar um futuro em que não apenas os dados dos usuários estejam protegidos, mas que essa segurança comece desde a fase de design dos dispositivos é fascinante. Pensei em quantas vezes já ouvi relatos de amigos e conhecidos falando sobre fraudes e vazamentos de dados. É como uma sombra que nos segue constantemente. Agora, imagine um mundo em que a proteção contra esses riscos é considerada desde o princípio, como parte intrínseca do desenvolvimento. Isso significaria uma mudança de mentalidade!

Integrar a segurança desde a concepção de um dispositivo não é apenas uma questão técnica, é uma mudança cultural. É preciso considerar a experiência do usuário e pensar em como as pessoas interagem com a tecnologia diariamente. Você já reparou como muitos aplicativos pedem permissões excessivas, ou ainda, como alguns dispositivos têm falhas em suas proteções? Isso poderia ser radicalmente diferente se, desde o primeiro esboço de um projeto, houvesse um compromisso sério com a privacidade e a segurança. A vulnerabilidade não é apenas uma questão técnica; ela é profundamente humana.

Contemplando essas inovações, me lembrei de uma startup que conheci uma vez em um evento de tecnologia. Eles apresentaram um wearable que não apenas rastreava a saúde, mas integrava um sistema de segurança que avisava os usuários toda vez que seus dados pessoais eram acessados. É uma abordagem que poderia transformar como vemos nossas informações. Por que não estender essa lógica a outros setores também? Em um mercado onde cada vez mais os dados são tratados como a nova moeda, essa segurança se torna um diferencial decisivo.

Há desafios significativos no caminho, é claro. Como garantir que as empresas que desenvolvem essas soluções cumpram suas promessas? Como os consumidores podem confiar que a tecnologia que usam realmente protege seus dados? O conceito de "security-by-design" deve também ser atraente para as próprias empresas. Não é apenas uma questão ética, mas uma oportunidade de mercado. Se uma empresa se posiciona como líder em segurança, seu valor pode crescer massivamente, atraindo consumidores cada vez mais conscientes do que colocam à disposição online. Ao final do dia, a confiança se torna uma moeda tão poderosa quanto a própria inovação.

Lembro de uma conversa que tive com uma amiga, também especialista em tecnologia, que ressaltava a importância de testes rigorosos e contínuos em qualquer novo dispositivo, especialmente quando se fala de saúde. O cenário de saúde pública exige não só inovação, mas uma base sólida, onde as inovações se sustentem com segurança. É um ciclo que se retroalimenta; quanto mais as pessoas confiam, mais se abrem para experimentar novas tecnologias.

Esse compromisso com a segurança não deve ser apenas uma resposta às crises. Falar sobre abordagens proativas é essencial. Não podemos agir apenas quando algo dá errado; isso parece um remédio tardio. Devemos pensar em como podemos implementar soluções que hoje nos pareçam surpreendentes, mas que amanhã serão a norma. O que seria deixar de lado a ideia de segurança reguladora apenas no momento da crise e encarar isso como parte do desenvolvimento contínuo?

Quando pensamos no futuro do biohacking, somos naturalmente levados a refletir sobre a responsabilidade coletiva que temos. Cada um de nós, enquanto desenvolvedores, usuários ou cidadãos, desempenha um papel nesse dilema. A maneira como abordamos a inovação e a segurança moldará não apenas nossas vidas, mas também as gerações futuras. Ao olharmos para frente, podemos ter a visão de um ecossistema onde a proteção dos dados é visivelmente constante. Assim, ao invés de correr atrás do prejuízo, podemos construir um legado de segurança e inovação que seja tão robusto quanto inspirador.

Este é o convite a pensar sobre o que podemos fazer hoje para moldar esse futuro. A responsabilidade é de todos, não apenas dos que criam a tecnologia, mas de todos nós que a utilizamos. Afinal, num mundo repleto de surpresas e incertezas, a construção de um caminho seguro e ético é um dos grandes legados que podemos deixar. Que possamos, então, abraçar essa responsabilidade como um compromisso coletivo, um desdobramento de nossos desejos e esperanças em um futuro mais seguro e inspirador.

Capítulo 8: Impactos Sociais e Éticos do Biohacking

Vivemos em uma era de inovações sem precedentes, onde a interconexão entre biotecnologia e tecnologia da informação não é apenas uma abstração científica, mas uma realidade palpável que transforma vidas. Imagine-se convivendo em um mundo onde pequenos dispositivos implantados em seu corpo podem regular funções essenciais de saúde ou mesmo melhorar seu desempenho cognitivo. Tem sido fascinante observar como essa integridade não apenas modifica o modo como interagimos com nossos próprios corpos, mas também redefine a maneira como nos relacionamos com o outro. A história de Joana, uma jovem com deficiência motora, encapsula bem essa transformação. Após um procedimento de biohacking que a permitiu controlar uma prótese com os pensamentos, sua vida deu uma reviravolta. Joana não só superou limitações físicas; ela redescobriu sua identidade. O semblante que antes refletia frustração agora irradia confiança. Esse tipo de testemunho é inspirador, mas nos leva a uma questão mais profunda: até que ponto esses avanços são verdadeiros milagres da ciência? Ou seriam, na verdade, novas barreiras a serem superadas?

Essa inquietação nos leva a observar que, à medida que a biotecnologia avança, surgem diferentes dinâmicas sociais. As relações interpessoais se tornam mais complexas, à medida que a linha entre ser e ter se embaça. Aqueles que têm acesso a tecnologias de ponta podem se ver em um patamar diferente, gerando uma nova camada de desigualdade social. Não se trata apenas de uma questão de acesso, mas da forma como essas tecnologias moldam a percepção de si mesmo e dos outros. As interações deixam de ser meramente humanas e passam a ser mediadas por dispositivos, o que, em última instância, pode gerar um sentimento de isolamento mesmo em meio a uma comunidade virtual sempre conectada.

Lembre-se de quando pegamos um café com amigos e falamos sobre como a tecnologia complica nossa vida social. Já parou para pensar em como um simples aplicativo pode nos conectar, mas também nos afastar? É intrigante perceber que, quando falamos de biohacking, a conexão vai além das telas; ela invade nosso corpo e mente. Não sou só eu que sinto isso. Muitos amigos já comentaram como a tecnologia os aproxima de forma surpreendente, mas como, ao mesmo tempo, os deixa em um estado de constante vigilância sobre como estão se apresentando na esfera digital.

E o que dizer da privacidade nessas situações? Um aspecto crucial que muitas vezes é deixado de lado, mas que merece atenção especial. Com a crescente conectividade, a privacidade torna-se um bem precioso. Recentemente, li uma matéria sobre um caso em que dados de saúde de pacientes foram compartilhados sem o consentimento explícito deles, levantando uma onda de indignação. Como seria se, de repente, suas informações mais íntimas e vulneráveis estivessem nas mãos de quem não deveria? Isso nos leva a perguntar: até que ponto estou disposto a compartilhar minhas informações em nome da saúde e do aprimoramento pessoal? A reflexão sobre a privacidade precisa ser constante. Essa relação de confiança entre pacientes e profissionais de saúde é essencial, mas frágil. Precisamos resgatar um senso de respeito por esses dados, uma vez que são eles que revelam não apenas doenças, mas também anseios, medos e sonhos.

Portanto, ao contemplarmos as implicações sociais do biohacking, somos instigados a ponderar sobre a intimidade de nossas interações, que agora incluem um viés tecnológico. O que parecia um sonho de possibilidades agora gera dúvidas sobre quem somos e quem podemos nos tornar. Esses avanços nos ajudam a superar barreiras, mas será que realmente estamos progredindo para um futuro mais humano? A busca por respostas se torna um convite à reflexão e ao diálogo, onde cada um de nós tem um papel ativo a desempenhar nessa nova narrativa. A história de Joana e tantos outros são lembretes de que, no meio dessa revolução, é preciso manter a essência do que nos torna humanos: empatia, conexão e respeito. Vamos juntos explorar esses caminhos complexos e intrigantes, à medida que nos deparamos com os dilemas e maravilhas que o biohacking nos traz.

Nos dias atuais, a privacidade tornou-se um tema que dá nó na mente de muita gente. Imagine a sensação de estar constantemente conectado, com cada passo sendo registrado e cada escolha sendo analisada. Agora, pense em exemplos concretos: algumas pessoas se deparam com empresas que coletam dados de saúde sem nem sequer perguntar se elas estão confortáveis com isso. Já viu a história de alguém que usou um aplicativo de saúde que prometeu melhorar seu bem-estar, mas acabou entregando informações sensíveis que foram usadas para fins desconhecidos? Essa é uma realidade que pode parecer distante, mas cada vez mais se torna um grito na narrativa coletiva.

Sabe, a questão do consentimento informado vem à tona em várias conversas. Às vezes, nos pegamos apenas clicando em "aceitar termos" sem refletir sobre o que realmente estamos permitindo que entrem em nossas vidas. O que é fascinante, e, ao mesmo tempo, preocupante, é que essa situação não se limita apenas ao campo digital. Na medicina, também é fundamental que as pessoas saibam exatamente para onde os seus dados estão indo e como serão utilizados. Afinal, quem não gostaria de ter o controle sobre as próprias informações, especialmente as mais íntimas, não é mesmo? Assim, o ato de compartilhar dados se transforma em uma dança delicada entre a busca por um tratamento mais eficiente e a proteção da privacidade pessoal.

Lembro de uma situação em que um amigo compartilhou como um dispositivo de monitoramento ajudou a diagnosticar uma condição de saúde. Ele estava aliviado, mas ao mesmo tempo incomodado ao perceber que sua rotina de sono e atividade física estava sendo monitorada, discutida em reuniões de equipe sem seu conhecimento. Isso levanta a pergunta: será que, no anseio por avanços na saúde, estamos cedendo nossa privacidade em demasia? A resposta pode variar muito de indivíduo para indivíduo, e é justamente essa diversidade de opiniões que enriquece o debate.

A discussão sobre privacidade e consentimento informado leva a um labirinto de questões éticas. À medida que a tecnologia avança, a linha entre o que é aceitável e o que é um excesso torna-se cada vez mais tênue. Podemos pensar que estamos nos beneficiando ao permitir o acesso a dados e informações, mas até que ponto isso não se transforma em um jogo perigoso? Quando falamos sobre aplicativos que utilizam inteligência artificial, é difícil não visualizar o risco de decisões automatizadas afetando a vida de um paciente, sem que esse tenha o direito de questionar ou contestar. Como é o caso da história do algoritmo de um hospital que decide se um paciente recebe ou não um tratamento com base em dados coletados e analisados. Um algoritmo frio não tem empatia, e é esse elemento humano que muitas vezes parece ser esquecido.

Essas são reflexões profundas que merecem um espaço na nossa conversa. As escolhas sobre quanto estamos dispostos a compartilhar são, na realidade, um reflexo de como nos enxergamos e do que consideramos como valor essencial. Um momento de introspecção pode levar a questões como: "O que é mais importante para mim, a eficiência do tratamento ou o direito à privacidade?" Esse dilema é crucial, e as respostas não são fáceis.

Ao final do dia, a interseção entre biohacking, privacidade e ética não é apenas uma questão técnica, mas uma questão de humanidade. Ao compartilharmos nossas histórias e experiências, podemos não apenas encontrar direção, mas também construir um entendimento coletivo sobre como devemos navegar por essas águas turvas que são as inovações tecnológicas na saúde. O que podemos fazer, portanto, é promover um diálogo aberto sobre esses tópicos, incentivando tanto o conhecimento quanto um uso responsável da tecnologia que, em última análise, deve servir para o bem-estar de todos nós.

A rápida evolução da tecnologia no campo da saúde traz à tona dilemas éticos que não podemos ignorar. Um aspecto intrigante dessa questão é a dependência crescente de inteligência artificial no monitoramento da saúde. Imagine um paciente chamado João, que, após anos de problemas cardíacos, recebe um novo tratamento revolucionário, inspirado por algoritmos de IA. Em um primeiro momento, parece um divisor de águas; sua condição melhora, e ele se sente rejuvenescido, como se tivesse ganhado uma nova vida. Mas, logo, ele descobre que o mesmo algoritmo que o salvou toma decisões deturpadas em situações críticas. Essa narrativa, ainda que fictícia, reflete a tensão entre inovação e responsabilidade ética que permeia o biohacking.

A questão se aprofunda ao considerarmos o que isso significa para a autonomia do paciente. Quando decisões insubstituíveis sobre tratamentos são entregues a máquinas, até que ponto estamos dispostos a confiar nelas? Os profissionais de saúde, muitas vezes vistos como os pilares da medicina, podem se tornar meros operadores de um sistema que não compreendem totalmente. As decisões, então, se tornam cada vez mais automatizadas, levando a um embate entre a experiência humana e a eficiência fria da tecnologia.

Além disso, a acessibilidade dessas tecnologias pode criar uma nova camada de desigualdade. Aqueles que têm acesso às inovações mais recentes podem experimentar um aumento significativo na qualidade de vida, enquanto outros ficam à sombra, lutando para obter o básico. Essa discrepância poderia levar a uma sociedade ainda mais fragmentada, onde os benefícios da tecnologia se tornariam privilégios. E essa é uma questão crucial: o que estamos dispostos a fazer para garantir que todos tenham acesso às mesmas oportunidades de saúde?

Ainda é válido refletir sobre o papel dos desenvolvedores nas discussões éticas que emergem desse cenário. Eles são, de certa forma, os arquitetos dessa nova realidade, e cabe a eles não apenas criar, mas também pensar criticamente sobre as consequências de suas inovações. Como podem se preparar para as repercussões éticas de suas criações? Um ponto essencial é que a formação profissional não deve se limitar às competências técnicas, mas incluir também um forte componente ético, que os prepare para ponderar as implicações de suas decisões.

A ligação entre saúde e tecnologia traz à luz um novo tipo de dilema que requer uma discussão contínua. O que está em jogo não é apenas a eficácia dos tratamentos, mas também a essência da experiência humana no sistema de saúde. Enquanto nos maravilhamos com os avanços, precisamos, essencialmente, garantir que a compaixão não se perca em meio a essa revolução tecnológica. Estamos, sem dúvidas, em um momento crucial, onde a responsabilidade coletiva pode moldar um futuro onde biohacking não seja apenas um sinônimo de inovação, mas também de ética e humanidade.

A responsabilidade dos profissionais de saúde e desenvolvedores na era do biohacking é um tema que demanda atenção. À medida que a tecnologia avança rapidamente, o papel desses indivíduos se torna cada vez mais crítico. Não se trata apenas de adotar novas ferramentas ou técnicas, mas de entender profundamente as implicações que essas escolhas têm na vida das pessoas. Afinal, as decisões que esses profissionais tomam podem influenciar não apenas os tratamentos, mas também a percepção que os pacientes têm de si mesmos e das suas capacidades.

É crucial que os profissionais de saúde se comprometam a uma formação contínua. O mundo do biohacking traz uma série de inovações, e é essencial que esses especialistas conheçam não apenas as tecnologias, mas também as suas limitações e os dilemas éticos emergentes que podem surgir. Cada novo dispositivo ou abordagem traz consigo uma complexidade que vai além do que está disponível em livros ou cursos. Imagino que muitos deles já se sentiram desconfortáveis ao receber um novo dispositivo para implementar em suas práticas, sabendo que cada intervenção pode causar reações inesperadas ou levantar questões éticas que não foram devidamente discutidas.

Por outro lado, os desenvolvedores, por sua vez, têm a responsabilidade de projetar tecnologia que não apenas funcione, mas que também considere as necessidades e os direitos dos usuários. O desenvolvimento de inteligência artificial, por exemplo, não deve ser apenas uma questão de eficiência e custo; deve incluir uma reflexão sobre como suas decisões impactam a vida dos pacientes. É surpreendente achar que, em um universo tão interconectado, ainda há quem produza softwares sem levar em conta o ser humano como o centro do processo. Um algoritmo pode ser impressionante em sua lógica, mas é preciso que ele também leve em conta a moralidade nas suas escolhas. Como seria a sensação de ser monitorado por uma máquina que sutilmente redefine as suas opções de tratamento, possivelmente ignorando aspectos subjetivos da sua condição?

Além disso, o papel dos grupos de regulamentação se torna imprescindível em meio a esse cenário. A legislação não deve apenas acompanhar as inovações tecnológicas, mas também criar um ambiente seguro que assegure que a tecnologia atue para o bem-estar da sociedade. Isso significa que a sociedade inteira deve estar envolvida neste diálogo. E essa conversa não deve ser restrita a especialistas; deve incluir os pacientes, que são os mais afetados por essas decisões. O que é ainda mais intrigante é que os próprios pacientes devem ser educados para entender as tecnologias que têm à sua disposição. Como podem realmente exercer seus direitos e fazer escolhas informadas se não compreendem completamente o que está em jogo? Por isso, devemos encorajar um ambiente que propicie esse entendimento.

Ao final, fica a certeza de que a responsabilidade é compartilhada. Cada um de nós, seja profissional, desenvolvedor ou paciente, tem um papel fundamental na construção de um futuro em que a tecnologia promova não apenas a saúde física, mas também o bem-estar emocional e ético. A era do biohacking não é apenas uma nova fase da medicina; é um chamado para um pacto social mais profundo entre todos os envolvidos. A pergunta que fica é: até onde estamos dispostos a ir como sociedade para garantir que esse futuro seja não apenas revolucionário, mas também ético e inclusivo? Com esse tipo de reflexão, somos levados a repensar não apenas o que a tecnologia pode fazer por nós, mas também o que nós, como seres humanos, podemos e devemos fazer por ela. E assim, somos desafiados a participar ativamente dessa trajetória, compreendendo que, assim como a tecnologia avança, nossa consciência e responsabilidade devem avançar na mesma medida.

Capítulo 9: Estudos de Caso no Cenário Internacional

Neste primeiro bloco, vamos explorar como diferentes países estão se armando contra as ameaças do BioWorm, um dos vilões mais temidos na segurança cibernética dos dispositivos médicos. À medida que o biohacking avança, as nações têm se mobilizado de maneiras diversas. Algumas adotaram regulamentações rigorosas, enquanto outras ainda patinam na sua implementação, o que nos faz questionar: estamos todos realmente seguros?

Na Europa, um exemplo notável é a iniciativa da Alemanha, que criou uma legislação dedicada à segurança cibernética de dispositivos médicos. A Agência Federal de Segurança da Informação (BSI) não só elaborou diretrizes específicas para fabricantes e hospitais, mas também promoveu a criação de um quadro regulatório que se adapta rapidamente às novas ameaças. As ações têm sido eficazes em muitos casos, mas há uma crítica significativa quanto à lentidão na aplicação dessas regras em um ambiente que evolui com rapidez. Além disso, as nuances culturais, como a valorização da privacidade nas comunidades europeias, influenciam diretamente a forma como a população recebe as novas diretrizes de segurança.

Por outro lado, nos Estados Unidos, a abordagem é marcada pela inovação. Com a FDA (Administração de Alimentos e Medicamentos) à frente, existem programas que incentivam as indústrias de tecnologia médica a trabalhar em conjunto com startups de segurança cibernética. Um detalhe intrigante é a flexibilidade das regras que permitem que soluções inovadoras sejam testadas rapidamente. Contudo, a falta de uma regulamentação uniforme pode levar a lacunas de segurança, fazendo com que as instituições tenham experiências variadas, sendo que algumas alcançam resultados impressionantes, enquanto outras ficam mais expostas a riscos.

Numa virada para o Oriente, o Japão tem suas próprias peculiaridades. O país tem investido pesadamente em tecnologias emergentes, porém, a reação à ameaça do BioWorm demonstrou que muitos profissionais de saúde ainda não têm plena consciência das possíveis vulnerabilidades de seus sistemas. O que se vê são surtos de insegurança que se espalham pela indústria à medida que os dispositivos, criados para promover saúde e bem-estar, se tornam alvos. Isso suscita a reflexão: até que ponto a tecnologia avança em virtude da segurança instalada?

E se olharmos para a Coreia do Sul, um dos líderes em inovação tecnológica, as iniciativas para se proteger contra o BioWorm se desenrolaram com um foco impressionante na educação e na conscientização. Recentemente, hospitais começaram a oferecer treinamentos regulares para suas equipes, algo que reflete uma cultura de prevenção e resiliência. Ao mesmo tempo, um grande debate entre os legisladores envolve a necessidade de balancear essa abordagem com regras regulatórias que impeçam o avanço de práticas inadequadas ou inseguras.

Ao analisar esses casos, o que fica evidente é que a percepção cultural e histórica de cada país molda suas respostas às ameaças cibernéticas. O que em um lugar é visto como uma oportunidade, em outro pode ser considerado um risco. Portanto, não podemos subestimar a importância de ambientes regulatórios que não apenas atendam às normas do presente, mas sejam suficientemente flexíveis para abraçar os combustíveis do futuro.

Portanto, estamos à beira de um marco essencial na forma como os sistemas de saúde globais reagem ao BioWorm. Há tanto a aprender com as experiências dos outros, e a questão que se impõe é: até onde estamos dispostos a cooperar e inovar para garantir a segurança cibernética em um mundo cada vez mais interdependente? Estamos apenas começando a entender que, neste campo, o aprendizado mútuo pode ser, de fato, a chave para nossa sobrevivência.

As reações de diferentes sistemas de saúde diante das ameaças do BioWorm revelam um panorama diversificado, onde é fácil perceber como a cultura e a estrutura institucional de cada país influenciam a forma como lidam com crises cibernéticas. Em muitos casos, há histórias impressionantes de superação, mas também falhas que são dignas de reflexão. Um incidente que chamou bastante atenção ocorreu na Alemanha, onde uma falha de segurança em um dispositivo médico resultou em um vazamento de dados sensíveis de pacientes. A resposta imediata das autoridades foi reativa, com sistemas de alerta sendo ativados apenas após a descoberta do problema. Essa abordagem gerou críticas, pois a falta de uma ação preventiva demonstrou que as políticas de segurança cibernética, embora existentes, não estavam suficientemente integradas nos processos de desenvolvimento e uso dos dispositivos.

Na comparação com os Estados Unidos, encontramos um sistema que se destaca pela proatividade. Por lá, iniciativas como a Cybersecurity Framework do NIST têm sido amplamente adotadas, criando diretrizes claras para as empresas do setor de saúde. Isso, por sua vez, converteu-se em um ciclo contínuo de melhorias, onde as instituições aprenderam não só a reagir, mas também a trabalhar em conjunto com a indústria de tecnologia para inovar na proteção contra ameaças. Um exemplo que se sobressai é o caso de um hospital na califórnia que, após sofrer um ataque, implementou um sistema de segurança robusto, incluindo treinamentos constantes para funcionários. Isso refletiu uma mudança de mentalidade efetiva, onde o compartilhamento de informações sobre incidentes de segurança tornou-se uma prática comum.

Na Ásia, a situação é ainda mais intrigante. O Japão, por exemplo, apresenta uma cultura que valoriza a transparência e a responsabilidade. Após um ataque notório em um hospital em Tóquio, as autoridades decidiram realizar uma auditoria pública. Essa atitude não apenas restaurou a confiança da população, mas também serviu como um modelo para que outras nações aprendam a lidar com questões semelhantes, destacando a importância de envolver a sociedade nas discussões sobre segurança cibernética.

No entanto, nem todos os esforços foram bem recebidos ou bem-sucedidos. Em alguns países europeus, uma combinação de burocracia excessiva e falta de recursos dificultou a implementação de estratégias adequadas para resolver brechas de segurança. A resistência à mudança e a falta de urgência em eventos que parecem distantes resultaram em falhas significativas. Cada um desses eventos nos ensina algo sobre a necessidade de constância e vigilância, além de um compromisso genuíno com a proteção de dados e a segurança dos pacientes.

Ao refletir sobre essas experiências, é imprescindível considerar que cada incidente carrega lições valiosas. Embora algumas instituições teriam tomado decisões mais rápidas, diferentes culturas emergem como determinantes na formulação de respostas. Por exemplo, alguns hospitais na Europa, que tradicionalmente tiveram uma abordagem mais conservadora diante de inovações, agora se veem obrigados a repensar suas estratégias.

Essas trocas de experiências vão muito além do que poderia ser uma simples comparação. Elas trazem à tona a complexidade das respostas institucionais e a importância de aprender com os erros. Lembremos que, em um mundo cada vez mais interconectado, os desafios são massivos - e a forma como eles são enfrentados requer um olhar atento. O que falta, muitas vezes, é a conexão entre a tecnologia e os profissionais de saúde, uma aproximação que pode gerar resultados surpreendentes e inovadores.

Interagir com a comunidade de tecnologia e compreender as nuances necessárias para enfrentar as ameaças em evolução é um passo essencial. O objetivo deve ser um aprendizado contínuo, onde cada erro possa ser transformado em um aprendizado e não apenas em um evento isolado. Se o BioWorm trouxe à tona desafios globais, que sirva também como um modelo de colaboração que, sem dúvida, deverá ser explorado por aqueles que desejam construir um futuro mais seguro.

As estratégias de proteção de dispositivos médicos frente às ameaças do BioWorm têm sido tão variadas quanto os países que as implementam. Em diversas partes do mundo, a colaboração entre governos e empresas de tecnologia se revela uma abordagem fundamental. Em muitos casos, essa intersecção gera resultados inovadores e eficazes. Por exemplo, em um projeto liderado por uma universidade na Alemanha, o uso de inteligência artificial para prever vulnerabilidades em sistemas de dispositivos médicos tem sido um modelo a ser seguido. A comunicação direta entre pesquisadores e indústrias é um dos pilares que possibilitam essa inovação.

Além disso, o papel das startups nesse cenário é impressionante. Elas se destacam pela agility e pela capacidade de responder rapidamente às novas demandas do mercado. Um caso emblemático é o de uma empresa israelense que criou um software de monitoramento de segurança que analisa em tempo real os dados de dispositivos conectados a pacientes. O resultado? Uma resposta rápida e eficiente que ajuda a prever atividades suspeitas antes que se tornem problemas maiores. Essa colaboração entre o setor privado e a academia cria um ciclo virtuoso de feedback e aprimoramento constante.

No entanto, nem tudo é um mar de rosas. Há exemplos de iniciativas que, embora bem-intencionadas, não obtiveram os resultados esperados. Tecnicamente avançadas, algumas medidas não consideram a complexidade dos sistemas de saúde e as variadas capacidades de resposta das instituições. Isto pode gerar críticas sobre a eficácia dessas abordagens. Por vezes, a implementação de regulamentações rígidas não se ajusta às realidades locais, mostrando que soluções universais nem sempre são eficazes.

Falar sobre tecnologias desenvolvidas nesses ambientes é fascinante. É como olhar para um novo horizonte onde as possibilidades parecem infinitas. No entanto, aqui está uma reflexão importante: será que toda essa inovação está sendo comunicada de forma clara e acessível para os profissionais da saúde? Uma situação que escutei de um amigo médico ilustra bem isso. Ele comentava sobre um novo dispositivo que prometia revolucionar a monitoração de pacientes, mas quando fui perguntar mais sobre como utilizá-lo, notei que havia uma barreira de entendimento que poderia, eventualmente, comprometer a segurança do paciente. Este é um retrato da realidade: as inovações precisam ser apresentadas de maneira que todos os interessados possam compreender e aplicar.

A interação com os hacktivistas também merece destaque. Em muitos lugares, essas pessoas se uniram ao esforço pela segurança cibernética, promovendo campanhas de conscientização e usando suas habilidades para detectar falhas em sistemas. Por exemplo, em uma conferência nos Estados Unidos, tive a oportunidade de ver um desses grupos apresentando suas descobertas em tempo real. A forma como eles conseguem envolver a comunidade e trazer à tona questões relevantes é inspiradora. Eles criam um espaço para diálogos que, muitas vezes, faltam nas reuniões técnicas formais.

O aperfeiçoamento na defesa de dispositivos médicos não é, portanto, um esforço individual. Essa tentativa de colaboração em larga escala revela que as estratégias adotadas têm de ser dinâmicas e muito bem comunicadas. Um alvo claro não é apenas proteger, mas também educar. E essa educação deve ir além da simples troca de informações técnicas. Colocar o usuário no centro da conversa é crucial. Isso implica garantir que todos compreendam os riscos e as formas de se proteger.

Ao final, perceber que a segurança cibernética é um tema interconectado, uma rede onde cada um tem seu papel, é essencial. Olhando para o futuro, o cenário pode ser muito mais otimista se formos capazes de unir os esforços globais de maneira coesa. Imaginar um mundo onde colaboramos, compartilhamos tecnologias e damos suporte uns aos outros parece um ideal desejável. E, sem dúvida, as experiências que vivemos nesse caminho serão as que moldarão o modo de enfrentarmos as novas ameaças que ainda estão por vir.

Frente aos desafios impostos pela segurança cibernética na saúde, é inegável que a colaboração internacional desempenha um papel fundamental. Quando falamos de BioWorm, a troca de informações, tecnologias e melhores práticas entre países torna-se não apenas desejável, mas essencial. Imaginar um mundo em que as nações trabalham em conjunto para um objetivo comum é um passo para a construção de soluções robustas. O que temos visto até agora? Lingotes de parcerias emergindo aqui e ali, mas será que estão no caminho certo?

Um exemplo intrigante é a colaboração entre instituições de saúde e de pesquisa na Europa. Essa cooperação já demonstrou potencial ao lidar com ciberataques direcionados a dispositivos médicos. Diversos países uniram forças para desenvolver protocolos e ferramentas de resposta. Eu me lembro de uma conferência que participei, onde especialistas de diferentes nações estavam discutindo um incidente envolvendo um dispositivo de monitoramento. A troca de experiências foi tão vívida e envolvente que parecia quase um ato de irmandade diante de uma ameaça comum. O compartilhamento de dados não apenas ajudou a identificar a vulnerabilidade, mas também gerou soluções inovadoras que poderiam ser replicadas em outros locais.

No outro lado do mundo, vemos um cenário diferente. Começando pela Ásia, onde as startups têm demonstrado um papel ativo na segurança cibernética. Elas não se limitam a desenvolver tecnologias, mas também promovem uma cultura de conscientização sobre riscos digitais. Isso me faz lembrar de um amigo que é hacker ético e sempre comenta que "a prevenção é o mais importante". Por aqui, as discussões sobre como lidar com ameaças muitas vezes esbarram na burocracia. Mas o que se percebe é que a agilidade das startups está desafiando esse quadro. E isso não deve ser ignorado; ao contrário, é um exemplo inspirador de como inovação e flexibilidade podem gerar uma resposta mais eficaz.

Enquanto isso, ações conjuntas entre governos e setores privados têm mostrado resultados impressionantes em algumas situações. O pensamento colaborativo se estende para a criação de redes de dados que cruzam informações em tempo real, permitindo uma resposta mais rápida a incidentes. É quase como se estivessem formando uma grande teia onde cada país, cada cidadão e cada tecnologia se interligam. Nessas interações, o que pode parecer apenas um esforço isolado rapidamente se transforma em uma rede global de resiliência. Não podemos deixar de notar a importância do engajamento, e o papel de hacktivistas que, com suas ações, ampliam a consciência social sobre a cibersegurança.

Porém, refletindo sobre esses impactos globais, surgem questionamentos. Como seria um cenário em que esses laços se tornassem ainda mais fortes? Pense por um momento: e se houvesse uma plataforma internacional, onde profissionais de tecnologia da informação e da saúde colaborassem constantemente, Partilhassem desafios, soluções, visões? A ideia não é apenas utópica, mas um convite à transformação. Para isso, profissionais da saúde precisam estar mais preparados. O que você acha que os médicos e técnicos de enfermagem deveriam saber sobre segurança cibernética? Essa intersecção entre conhecimento técnico e saberes da saúde é um território que precisa ser desbravado.

É fácil ficar otimista, mas não podemos ignorar as dificuldades. O desenvolvimento de legislações que protejam essa cooperação internacional ainda esbarra em questões políticas e culturais. O que se observa em algumas partes do mundo é que iniciativas falham em avançar devido à falta de padronização, enquanto outras prosperam em ambientes favoráveis e com suporte governamental. O que se pode fazer, então, é fomentar diálogos que transcendam fronteiras, convidando não apenas líderes políticos, mas cidadãos comuns a participarem dessa conversa.

Cada ação, cada interação, tem o poder de moldar o futuro da cibersegurança em saúde. Então, o que você acha que devemos fazer para garantir que essa união não seja apenas uma ideia bonita, mas se torne uma realidade concreta? As oportunidades são massivas e, se exploradas com seriedade, certamente trarão resultado. O que precisamos agora é de reflexão e ação, um convite a todos para estarem juntos nessa jornada, onde desafios serão superados e o futuro se tornará um espaço mais seguro, para todos.

Capítulo 10: Treinamento e Capacitação em Segurança Cibernética

A segurança cibernética tornou-se uma preocupação cada vez mais premente no setor de saúde. Hoje em dia, os profissionais da área precisam se deparar com uma realidade em que a tecnologia avança de forma quase frenética. Isso implica que médicos, enfermeiros e outros trabalhadores da saúde não podem se dar ao luxo de ignorar o potencial de ciberataques que ameaçam a integridade dos dados dos pacientes e o funcionamento dos dispositivos médicos que utilizam. Pergunte a si mesmo: "Estamos preparados para lidar com as implicações de um sistema de saúde comprometido?" A resposta a essa pergunta pode literalmente fazer a diferença entre a vida e a morte.

Estatísticas recentes apontam um aumento alarmante na frequência de ciberataques direcionados a instituições de saúde. Em 2022, por exemplo, cerca de 70% dos hospitais nos Estados Unidos relataram que sofreram algum tipo de violação de dados. E não são apenas números; são vidas sendo expostas a riscos desnecessários por conta de uma falha em reconhecer a seriedade da cibersegurança. A falta de treinamento em segurança digital não é, portanto, uma questão de se querer ou não—é uma questão de necessidade. Assim como um médico deve estar sempre atualizado a respeito das últimas pesquisas médicas e avanços no tratamento de doenças, ele também deve ter conhecimento sobre os potenciais riscos tecnológicos que sua prática envolve.

A questão que muitos se perguntam é: "O que realmente sabemos sobre a segurança dos dispositivos que usamos diariamente?" É fácil pensar que um simples software de segurança é suficiente para proteger dados cruciais, mas a verdade é que o treinamento inadequado pode abrir brechas que hackers, muitas vezes, se aproveitam de forma sistemática. Por exemplo, houve um caso recente em um hospital onde um funcionário, sem saber, clicou em um link de phishing enquanto verificava seu e-mail. O que se seguiu foi um pesadelo: uma invasão total do sistema de registros médicos, expondo dados confidenciais de milhares de pacientes. Se os colaboradores tivessem sido devidamente treinados, essa situação poderia ter sido evitada.

É fundamental que o treinamento em segurança cibernética seja não apenas uma formalidade, mas uma parte integrante da cultura de trabalho desses profissionais. Imagine um dia qualquer em que um enfermeiro, em meio à correria das urgências, recebe um e-mail aparentemente inofensivo de um fornecedor. Sem o devido conhecimento sobre segurança, ele pode acabar baixando um anexo infectado que comprometerá todo o sistema do hospital. Essa dinâmica cria uma sensação de urgência. Portanto, refletir sobre a capacitação em segurança cibernética é mais do que um requisito técnico; é uma questão de responsabilidade ética. Todos estamos juntos nessa jornada pelo bem-estar dos nossos pacientes.

Que tal pararmos um momento para pensar? O que mais precisamos fazer para que cada integrante da equipe de saúde se sinta apto e seguro ao manusear dados sensíveis em suas rotinas? O caminho que temos pela frente deve incluir uma mudança na mentalidade, onde a cibersegurança se torna parte do cotidiano, em vez de um tópico ocasional discutido em algum treinamento esporádico.

Neste contexto, é evidente que um treinamento eficaz em segurança cibernética não é somente importante: é essencial. É preciso dotar os profissionais de saúde não apenas de conhecimento teórico, mas também de práticas reais que os capacitem a enfrentar desafios indevidamente comuns. A urgência em capacitar esses trabalhadores do setor de saúde está mais do que justificada; é uma questão de sobrevivência. E, se pensarmos no futuro, fica o questionamento: "Como queremos que nossa saúde, e a saúde de nossos pacientes, seja impactada por essa nova realidade?"

A formação em cibersegurança deve ser realmente inovadora e centrada nas necessidades dos profissionais da saúde. Os métodos tradicionais de ensino, muitas vezes engessados e unidimensionais, não podem mais ser o padrão quando se trata de preparar médicos, enfermeiros e outros profissionais para lidar com as ameaças cibernéticas crescentes. Pense por um instante sobre como a maioria de nós gravita em torno de ambientes interativos: aulas expositivas em que o aluno apenas escuta não são suficientes. Precisamos de formatos que façam a diferença, que façam o aprendizado acontecer de maneira envolvente. E sim, há um mundo inteiro de possibilidades.

Cursos online interativos estão emergindo como uma solução fascinante. Imagine um módulo em que você, profissional de saúde, enquanto aprende sobre a criação de senhas seguras, tem ao seu lado um chat ao vivo com um especialista que responde a todas as suas perguntas instantaneamente. É um aprendizado dinâmico, não uma mera transcrição de slides de PowerPoint. Além disso, as simulações práticas são fundamentais. Quando um profissional participa de um treinamento onde deve lidar com um ataque cibernético simulado, qual é a sensação? A pressão e a adrenalina são completamente diferentes de simplesmente ler sobre cibersegurança em um manual.

E olha, já observei instituições que transformaram radicalmente suas abordagens educacionais neste contexto. Uma delas, por exemplo, encontrou maneiras de integrar a cibersegurança ao currículo regular de formação. Não é à toa que se tornou um tópico de discussão constante e presente. A ideia é que, ao ver a cibersegurança como parte integrante da sua formação, os profissionais da saúde não tratem mais isso como um mero complemento. É uma mudança de mentalidade que pode ser, de fato, monumental.

A cultura de segurança precisa ser disseminada como um valor coletivo, onde todos têm um papel ativo. Quando uma equipe se sente envolvida e capacitada, o resultado é um ambiente de trabalho mais seguro. Isso não é só teoria; é algo que se reflete no cotidiano, na prática, no dia-a-dia do hospital ou da clínica. A segurança cibernética pode e deve ser uma responsabilidade compartilhada, onde o conhecimento é um bem precioso que todos devem cultivar e proteger.

E se você pensar que não há tempo para incluir isso no currículo, é preciso refletir. É essencial garantir que cada profissional, desde a sua formação, já esteja imerso nessa realidade. É uma questão de sobrevivência no mundo de hoje, onde os dados pessoais dos pacientes e informações sensíveis podem ser alvos de intenções maliciosas. Não seria sensato, então, tornar essas práticas uma parte indissociável do aprendizado médico?

Um outro aspecto que vale a pena mencionar é como o desenvolvimento de workshops específicos pode realmente beneficiar essa visão. Imagine um workshop onde o profissional de saúde não apenas aprende sobre ciberataques e formas de defesa, mas também se envolve em discussões sobre casos reais, debatendo o que poderia ter sido feito de diferente e o que funcionou nas situações. É esse tipo de envolvimento que cria uma conexão emocional e intelectual com o aprendizado. A partir do momento em que os profissionais tornam-se protagonistas das suas histórias de aprendizado, são mais propensos a internalizar as lições.

No fundo, o que temos aqui é um apelo a repensar a educação em cibersegurança para a saúde. Precisamos de cursos que não apenas informem, mas que inspirem, que provoquem reflexões e que preparem cada pessoa para ser parte da solução, não do problema. A mudança não se dá da noite para o dia, mas cada passo conta. E quando se trata de capacitação, cada novo conhecimento adicionado a um profissional pode ser um marco que faz toda a diferença na segurança e no bem-estar dos pacientes. A pergunta que fica é: estamos prontos para essa transformação? É hora de arregaçar as mangas e construir um futuro mais seguro e resiliente não apenas para os profissionais, mas para todos que dependem deles.

Um currículo formativo voltado para segurança de dispositivos médicos deve ser cuidadosamente estruturado, levando em conta as necessidades específicas dos profissionais de saúde em um cenário tecnológico em constante evolução. Começamos pensando nos tópicos fundamentais que devem ser apresentados. É crucial incluir, por exemplo, as bases da cibersegurança, que envolvem conceitos essenciais como a confidencialidade, integridade e disponibilidade da informação. A formação deve permitir que os profissionais compreendam o ciclo de vida dos dados e os riscos associados ao manejo inadequado.

Além disso, é imprescindível abordar as ameaças cibernéticas mais comuns que os profissionais da saúde enfrentam.

Com os avanços tecnológicos, como a utilização crescente de dispositivos conectados, como wearables e equipamentos médicos inteligentes, as vulnerabilidades aumentam. Os profissionais precisam estar atentos a ataques como ransomware, phishing e malware, entendendo não apenas o que são, mas também como podem impactar o cuidado ao paciente.

A atualização contínua deve ser um componente-chave na formação. Não podemos esquecer que a tecnologia avança rapidamente e, com ela, os métodos de ataque. Cursos que se propõem a preparar esses profissionais para a realidade atual não podem ficar obsoletos. Um exemplo é a inclusão de simulações de cenários de ataques cibernéticos, onde os profissionais enfrentam situações reais de forma controlada, permitindo que aprendam na prática como reagir.

Este tipo de abordagem é enriquecido pela interseção de diversas áreas do conhecimento. Especialistas em saúde, tecnologia da informação e cibersegurança devem colaborar no desenvolvimento desses currículos, garantindo que todos os aspectos relevantes sejam cobertos. Uma visão multidisciplinar pode enriquecer o aprendizado, trazer novos ângulos e facilitar a assimilação de conceitos complexos. Por exemplo, um coordenador de curso poderia convidar um especialista em direito digital para discutir as implicações legais de um vazamento de dados em um hospital, promovendo uma discussão rica e esclarecedora.

Ademais, a experiência prática é um dos pilares que não pode ser negligenciado. Os alunos devem ser incentivados a realizar estágios em ambientes que permitam observar a aplicação dos conceitos aprendidos. Essa vivência direta é absolutamente essencial para a formação de profissionais confiantes e bem-informados. Relatos de instituições que já implementaram esse tipo de formação mostram que a cultura de segurança se transforma quando o aprendizado é solidificado com experiência prática.

Finalmente, deve-se considerar a utilização de ferramentas de aprendizado modernas e interativas. O uso de plataformas de e-learning, webinars e pequenos grupos de estudo pode tornar o aprendizado sobre segurança cibernética mais acessível e atraente. Essas abordagens não só ajudam a fixar o conhecimento, mas também promovem a colaboração e o intercâmbio de ideias entre alunos e professores, criando um ambiente educacional vibrante e inovador.

Uma reflexão necessária ao final de um processo formativo assim é sobre a real capacidade de identificar e responder a ameaças cibernéticas. Os profissionais estão, de fato, preparados para agir em situações críticas? Se nosso objetivo é criar um ambiente mais seguro na saúde, transformar a formação em algo dinâmico e contínuo não é apenas desejável, é essencial. A segurança cibernética não deve ser encarada como um ponto isolado no currículo, mas sim como uma parte integrante da competência profissional de qualquer trabalhador da área da saúde.

Simulações práticas desempenham um papel fundamental na capacitação em segurança cibernética, especialmente no contexto da saúde. Imagine um hospital onde, em um dia ensolarado, a equipe de enfermagem se reúne para uma simulação de resposta a um ciberataque. A tensão no ar é palpável, e, mesmo em um ambiente controlado, a ansiedade é real. Durante os exercícios, eles vivenciam cenários que poderiam acontecer a qualquer momento, treinando suas reações em tempo real. É nessas situações que se percebem as nuances emocionais da pressão. O supervisor observa que uma enfermeira, que sempre demonstra segurança, hesita diante de um dilema. Isso traz à tona a importância de preparar os profissionais não só mentalmente, mas emocionalmente.

A eficácia das simulações se revela em múltiplas camadas. Primeiro, elas proporcionam um ambiente seguro para que os profissionais experimentem e, se necessário, cometam erros. Sem essa oportunidade de errar, é desafiador aprender e internalizar a gravidade das consequências que um ataque cibernético pode trazer. O que se espera, portanto, é que esses exercícios não sejam apenas atividades isoladas, mas sim parte de uma cultura de aprendizado contínuo. Uma cultura que abraça a adaptabilidade e a curiosidade. E, ao refletir sobre essa prática, surge uma questão intrigante: como nossas emoções influenciam nossas decisões, especialmente em momentos críticos?

Algo que merece destaque é a diversidade de cenários a serem praticados. Cada simulação pode abordá-los de maneira distinta, desde a vulnerabilidade de dispositivos médicos a acessos não autorizados a dados sensíveis. Esse leque de possibilidades permite que um grupo de profissionais experimente reações diferentes, explore suas próprias formas de enfrentar desafios e, de certa forma, se conheça melhor. Isso se traduz em um aprendizado profundo e memorável. Cada pessoa sai da experiência com insights únicos, construindo uma profunda rede de conhecimentos compartilhados.

As conversas informais que ocorrem após uma simulação podem revelar tesouros de aprendizado. Pode surgir um diálogo sobre como cada um lidou com a situação ou estratégias que funcionaram ou não. Esses momentos são riquíssimos. Em uma registrada conversa, uma enfermeira confessou sentir-se despreparada, um sentimento que é surpreendentemente comum. Ao ouvir outros compartilhando suas próprias inseguranças, sentiu-se aliviada. Essa sensação de comunidade é essencial na construção de um ambiente aprendizado seguro, onde todos se suportam.

Ademais, a tecnologia não para de evoluir, e isso é um fator que deve ser constantemente considerado nas simulações. Os ataques se tornam mais sofisticados, e as defesas também precisam ser. Assim, a atualização do conteúdo das simulações é uma tarefa contínua. Quando se fala de uma crise cibernética no ambiente de trabalho, a questão que emerge é: estamos realmente preparados para lidar com isso? Isso não significa apenas treinar para um cenário, mas estar atento ao que pode vir a seguir.

Ao preparar profissionais para cenários de crise, a implementação de simulações práticas se faz essencial. Elas despertam a habilidade de resposta rápida, que pode ser a diferença entre a contenção de um problema e uma catástrofe. Um hospital que promove essas práticas não está apenas cuidando da saúde de seus pacientes, mas também protegendo a integridade de suas informações. E, quando se trata de cuidar de vidas, cada decisão conta.

Por fim, ao considerar a relevância dessas práticas, é inegável que as simulações criam um espaço de aprendizado coletivo. O sentimento de saúde e segurança que permeia um ambiente bem preparado é reconfortante, não só para a equipe de profissionais, mas também para os pacientes que dependem desses cuidados. Ter essa preparação traz consigo uma sensação de controle, um alívio profundo de estarmos um passo à frente, mesmo diante do inesperado. E ao pensar sobre a segurança do futuro, é importante recordar: a preparação é um compromisso contínuo, e nunca deve ser vista como um destino final.

Capítulo 11: Inovação na Segurança de Dispositivos Médicos

A realidade dos dispositivos médicos tem passado por uma transformação impressionante. Inovações tecnológicas estão mudando não apenas a forma como esses dispositivos funcionam, mas também como eles são protegidos. Antigamente, a tecnologia era vista apenas como uma força facilitadora, algo que poderia tornar processos mais rápidos e eficientes. Mas hoje, essa mesma tecnologia se tornou uma aliada essencial na segurança. É impressionante pensar que, em um mundo onde as informações estão cada vez mais expostas, a segurança dos dados de saúde nunca foi tão crucial.

A ascensão da segurança cibernética, com a chegada de ferramentas como inteligência artificial e aprendizado de máquina, trouxe uma nova dimensão a essa discussão. Essas tecnologias não apenas ajudam a otimizar o desempenho de dispositivos médicos, mas também têm um papel fundamental na predição de comportamentos indesejados ou invasivos. Imagine um software que, por meio de análises em tempo real, consegue identificar atividades suspeitas antes que elas se tornem um problema sério. Essa não é mais uma possibilidade remota; é uma necessidade gritante em um mundo que vive cada dia em meio a novas ameaças digitais. O que antes era visto como apenas uma "opção" agora se mostra como um requisito vital.

Porém, ao lado dessa evolução tecnológica, precisamos olhar também para a legislação e as normas que regulam o uso de dispositivos médicos. É fundamental que haja uma atuação harmonizada entre tecnologia e regulamentação. Isso garante que as inovações não sejam apenas eficazes, mas também éticas e seguras. Em uma era digital, essa sinergia é um dos principais pilares para garantir que os avanços não fiquem à mercê de práticas inseguras ou não verificada.

Vamos abordar um aspecto técnico crucial nesse contexto: a criptografia. Em um cenário onde dados sensíveis de saúde estão constantemente sob risco de ataques, a criptografia se torna uma ferramenta indispensável. Não se trata apenas de uma barreira; trata-se de uma fortaleza digital. Existem diversos métodos de criptografia que podem ser aplicados, e cada um deles possui sua própria forma de blindar informações. Por exemplo, eu me lembro de uma história que circulou sobre um hospital que, ao implementar um sistema de criptografia robusto, conseguiu evitar um incidente grave. Um ataque cibernético foi detectado, mas devido às camadas de segurança que tinham sido instaladas, o hospital não só protegeu suas informações como também preservou a confiança dos pacientes. Isso é simplesmente surpreendente: como pequenas mudanças podem gerar impactos massivos em situações tão críticas.

A inovação na segurança de dispositivos médicos não para por aí. Devemos falar da autenticação multifatorial, que vem se tornando cada vez mais comum em ambientes hospitalares. Essa prática incrível cria um nível extra de segurança e protege contra acessos não autorizados. Pense nas opções de autenticação que existem hoje: biometria, autenticação via aplicativos e tokens, todas essas ferramentas têm se mostrado essenciais para garantir que apenas pessoas autorizadas possam acessar informações sensíveis. Já parou para pensar no quanto a sua digital pode ser mais segura do que uma simples senha? Às vezes, até me impressiono com isso, e é um contraste interessante que vale reflexão.

Encerrando essa parte da nossa conversa, é importante refletir sobre a necessidade do design seguro desde a concepção dos novos dispositivos. Aqui está uma ideia que é chave: muitos problemas de segurança podem ser evitados se forem considerados desde o início do processo de design. Engenheiros e designers precisam, portanto, colaborar para criar dispositivos que incorporem a segurança de maneira integrada. A metáfora que surge aqui é a de construir uma casa sólida, em que a segurança é parte do alicerce. Pense bem, quem gostaria de morar em uma casa linda, mas que não tivesse a estrutura adequada?

E nesse momento, é válido mencionar como esse pensamento tem sido implementado em novas tecnologias de dispositivos médicos. Temos visto casos recentes que focam na resistência a ataques, trazendo à tona a importância dessa abordagem integrada. Contudo, muitas empresas enfrentam dificuldades para implementar essas práticas em meio a um mercado competitivo e em constante mudança. Lembro-me de algumas experiências pessoais liderando projetos onde, mesmo diante da pressão por resultados rápidos, escolhi priorizar sempre a segurança. Às vezes, isso exigia um esforço extra, mas os resultados eram recompensadores.

E assim, ao final deste bloco, a ideia de continuidade nas inovações se torna evidente. Precisamos entender que a segurança é um ciclo dinâmico, que exige um feedback constante para atualizações. Afinal, assim como a tecnologia avança dia após dia, as ameaças também se adaptam e evoluem. Às vezes, o que é considerado seguro hoje pode não ser amanhã, e isso é um lembrete que todos devemos levar em conta.

Estejamos prontos para a próxima parte dessa jornada, onde vamos explorar aplicações práticas e exemplos reais dessas inovações. É fascinante como a tecnologia evolui, assim como nossa compreensão do que significa segurança neste novo cenário. Vamos juntos nessa?

As inovações em segurança de dispositivos médicos não se limitam apenas a tecnologias já conhecidas, como a criptografia. Existem novas abordagens que estão sendo desenvolvidas com a finalidade de proteger dados sensíveis de saúde de maneira cada vez mais eficaz. Um aspecto cada vez mais relevante é a autenticação multifatorial, que combina diferentes métodos de verificação para garantir que apenas usuários autorizados tenham acesso a informações críticas. Essa técnica, que parece complexa à primeira vista, é na verdade como você usar mais de uma chave para abrir uma porta: uma proteção a mais que, além de prática, é essencial em um mundo onde as invasões cibernéticas se tornaram uma realidade perturbadora.

Imagine um hospital que implementou a autenticação biométrica. Isso envolve o uso de características físicas, como impressões digitais ou reconhecimento facial, permitindo que apenas o pessoal autorizado tenha acesso a sistemas vitais. Quando você pensa na rapidez e na segurança de uma digital, é impressionante perceber que temos em mãos uma ferramenta que pode impedir que qualquer um acesse informações privadas de pacientes. E é curioso como essa mudança, embora recente, já traz um novo ar para o ambiente hospitalar, tornando-o mais seguro.

As tecnologias de autenticação estão se espalhando rapidamente. Falar de tokens e de aplicativos para autenticação me lembra de um amigo que, sempre que precisava acessar informações sobre pacientes, tinha em mãos um token gerador de código que mudava a cada trinta segundos. Ele me contava das vezes em que a pressa quase o fez esquecer esse pequeno detalhe, e como isso poderia ter gerado sérios problemas caso um acesso não autorizado ocorresse. Ah, as lições aprendidas na marra são, muitas vezes, as mais valiosas.

Quando consideramos o design seguro desde a concepção, precisamos mudar a nossa maneira de pensar. Não é mais suficiente pensar apenas em funcionalidade; é imperativo que a segurança esteja presente desde o início do processo de desenvolvimento. Essa integração pode fazer a diferença entre um dispositivo que é apenas útil e um que é verdadeiramente seguro. Um engenheiro me disse uma vez que criar um dispositivo médico sem levar a segurança em conta era como construir uma casa sem alicerces. Com uma estrutura frágil, qualquer impacto poderia desmoronar tudo.

É impressionante ver como várias empresas estão colocando essa filosofia em prática, priorizando a segurança em produtos novos. Lembro-me de um caso em particular em que um grupo de engenheiros se desafiou a criar um dispositivo que não apenas atendesse às necessidades de saúde, mas que também resistisse a tentativas de ataque em seu software. O resultado? Um aparelho que não apenas salvava vidas, mas também impedia invasões cibernéticas que poderiam comprometer dados sensíveis.

Entretanto, essa cultura de inovação não é fácil de ser implementada. Muitas vezes, o espaço para mudanças é reduzido pela pressão do mercado, que demanda resultados rápidos. As empresas frequentemente se deparam com o dilema de apressar o lançamento de novos produtos ou investir tempo e recursos em medidas de segurança que, no curto prazo, podem parecer uma perda de tempo ou investimento. Essa batalha entre pressa e segurança é uma fraqueza intrínseca nos ciclos de desenvolvimento. Sinceramente, já passei por experiências onde tive que argumentar para minha equipe a importância de priorizar a segurança, mesmo que isso significasse trabalhar um pouco mais, um pouco mais lentamente.

A necessidade de um ciclo constante de feedback e atualização é outro ponto crítico. Em uma era em que as ameaças evoluem rapidamente, a ideia de que uma solução que seja segura hoje permanecerá assim indefinidamente é um tanto ingênua. O que funciona hoje pode não ser suficiente amanhã. Existe sempre a possibilidade de novas vulnerabilidades surgirem à medida que a tecnologia avança. Assim, ter um time que monitore, analise e atualize constantemente os sistemas é uma das chaves para garantir a proteção continuada. Isso me faz lembrar de um episódio em que uma atualização de segurança feita às pressas impediu um ataque iminente em um sistema que, de outra forma, teria exposto dados críticos.

A continuidade das inovações é algo a se valorizar. Esforços comuns entre equipes de tecnologia, segurança da informação e designers são essenciais para moldar um futuro onde a segurança não seja uma necessidade embutida, mas uma expectativa. Assim, conforme navegamos por essas águas cada vez mais desafiadoras, a mensagem é clara: nossa abordagem deve ser proativa, sempre vigilante, e disposta a aprender com cada novo desafio que surgirá. Como se fizesse parte do nosso compromisso com a saúde e a segurança da sociedade, devemos sempre nos questionar: estamos preparados para a próxima ameaça, ou estamos apenas reagindo a ela? A reflexão é um poderoso primeiro passo para garantir que as inovações em segurança nunca cessem de evoluir.

A adoção de abordagens de autenticação multifatorial em dispositivos médicos é uma evolução essencial no campo da segurança digital. Essa prática vai muito além de simples senhas, oferecendo uma camada robusta de proteção que comula diversas formas de verificação. Imagine um hospital onde cada acesso aos dados dos pacientes requer não apenas um código, mas também a verificação por biometria ou um token gerado em um aplicativo. Isso tem sido cada vez mais comum e eficaz. Você já parou para pensar no quanto a sua digital pode ser mais segura do que uma simples senha? É impressionante não é mesmo?

A implementação de sistemas de autenticação multifatorial se tornou uma prioridade. Dispositivos médicos que utilizam essa tecnologia são menos suscetíveis a acessos não autorizados, o que tranquiliza não apenas os profissionais de saúde, mas também os pacientes. É uma segurança reforçada que pode evitar complicações sérias. Entretanto, essa curiosidade pelo uso de tantas formas de autenticação não deve mascarar o desafio que cada hospital enfrenta. Por exemplo, um hospital que recentemente integrou um sistema de autenticação via reconhecimento facial teve que lidar com a resistência de alguns funcionários. Para muitos, acostumar-se a uma nova tecnologia pode ser um processo desconfortável. A resistência à mudança é um aspecto comum, e é nesse ponto que a comunicação clara sobre os benefícios da segurança se torna crucial.

Além de envolver o fator humano nesta questão, a troca de informações entre desenvolvedores e profissionais de saúde é fundamental. Nós precisamos promover um diálogo aberto. Não basta apenas conhecer as tecnologias; os usuários devem sentir que essas inovações são feitas para eles. Um ambiente que estimula essa troca tende a ser mais receptivo à segurança.

Outro aspecto intrigante é o design seguro desde a concepção dos dispositivos médicos. Pensar na segurança desde o início é essencial. Um projeto inteligente considera não apenas o funcionamento do dispositivo, mas também como ele interage com a segurança. Quando designers e engenheiros se reúnem para discutir um novo produto, uma visão holística permite que todos os envolvidos trabalhem em harmonia, criando uma infraestrutura sólida onde segurança e funcionalidade dançam lado a lado.

Vou compartilhar uma história rápida. Um amigo meu, um engenheiro biomédico, estava imerso em um projeto para um novo aparelho de monitoramento. Antes mesmo de entrar em fases avançadas de desenvolvimento, ele insistiu na realização de uma série de análises de risco. Ele muitas vezes me dizia que a segurança deveria estar enraizada no ADN do dispositivo. A mudança de mentalidade pode ser o primeiro passo para inovações de segurança mais eficazes.

Para reforçar a importância dessas abordagens, a discussão sobre como implementar práticas seguras em um ambiente hospitalar deve ser contínua. Muitas instalações enfrentam pressão do mercado, que demanda soluções rápidas e econômicas. No entanto, aquelas que priorizam a segurança desde o início se colocam em uma posição mais forte a longo prazo. Fracassar em incorporar medidas de segurança pode levar a consequências inesperadas, e isso é algo que muitas organizações estão começando a entender. Cada atualização, cada nova função deve ressaltar a essência de que a segurança não é uma preocupação isolada, mas uma constante em evolução.

Finalmente, refletir sobre as inovações no campo da segurança dos dispositivos médicos nos leva a um entendimento mais profundo: a tecnologia avança continuamente, e com ela, as ameaças também se adaptam. É um ciclo sem fim — um jogo de xadrez onde cada peça move-se de acordo com os movimentos do adversário. Estamos num momento em que a inovação deve ser contínua, e a única forma de garantir a proteção dos dados dos pacientes é abraçar essa mudança como um aspecto irreversível da realidade moderna. O que é seguro hoje pode não ser amanhã, um lembrete que devemos carregar em nossas mentes. É nesse espaço de transformação que o futuro da segurança em dispositivos médicos se desenha, uma jornada que estamos apenas começando a explorar.

É fascinante pensar que o design de dispositivos médicos não deve apenas se preocupar com a funcionalidade, mas também com a segurança desde o seu conceito inicial. A realidade é que, frequentemente, a segurança é tratada como uma reflexão tardia, uma "tampa" colocada em algo que já foi construído. Imagine, por exemplo, um relógio que marca o tempo de maneira precisa, mas que não foi criado para resistir a quedas ou à água. Se o mecanismo não leva em conta essas adversidades desde o início, qualquer erro se torna catastrófico. O mesmo se aplica aos dispositivos médicos; se não forem projetados para serem seguros desde o primeiro rabisco no papel, corremos o risco de enfrentar problemas sérios no futuro.

Ao falarmos sobre exemplos práticos, é impressionante notar como algumas empresas têm logrado avanços significativos ao implementar o pensamento de segurança desde a fase de design. Uma história que sempre me marcou foi a de um fabricante de marcapassos que, ao ouvir relatos de médicos sobre as dificuldades enfrentadas em situações críticas, decidiu reavaliar todo seu processo de desenvolvimento. O resultado foi um dispositivo que não só atendeu a padrões de saúde, mas que, além disso,   possuía funcionalidades   avançadas   de   segurança incorporadas. A ideia de que um dispositivo poderia, por exemplo, engrenar automaticamente uma função de criptografia sempre que uma conexão de dados fosse estabelecida transformou a relação entre segurança e funcionalidade. Isso me faz pensar: quantas vezes deixamos de ouvir o que realmente importa por estarmos focados somente no que já conhecemos?

Se considerarmos ainda a necessidade de testes e adaptações constantes, chegamos a um ciclo quase infinito de atualização e aperfeiçoamento. Um protótipo que não passa por uma série de testes rigorosos não pode ser considerado seguro. No entanto, existe a armadilha do tempo: cada dia que uma empresa gasta testando e re-testando pode significar um dia a menos para colocá-lo no mercado. Essa pressão é um dilema recorrente. Reflexão: será que a pressa em colocar as coisas à venda pode comprometer a segurança dos pacientes? É uma questão que paira no ar e que precisamos confrontar.

Por outro lado, vamos falar sobre como a colaboração entre diferentes áreas do conhecimento tem sido essencial nesse processo. Engenheiros, designers e especialistas em segurança precisam trabalhar lado a lado em um ambiente que favoreça a troca de ideias. Imagine, por exemplo, uma reunião onde um engenheiro discute os limites técnicos e um designer expõe as suas visões criativas. O diálogo cria um espaço onde as inovações podem florescer, e onde a segurança é alvo de atenção contínua. Um pensamento colaborativo diminui as margens de erro – e essa é uma verdade universal que vale para vários setores, não apenas para a saúde.

A tecnologia também desempenha um papel vital nesse entrelaçamento. Já parou para pensar em como ferramentas de simulação podem ajudar? Ao criar cenários virtuais para testar dispositivos médicos, empresas podem prever comportamentos que vão além do que se vê na prática clínica. Por exemplo, ao utilizar inteligência artificial para modelar as interações de um novo dispositivo com sistemas de monitoramento de pacientes, é possível antecipar falhas que, caso não fossem atendidas, poderiam ter consequências devastadoras. Isso se torna um verdadeiro cálido diálogo entre a tecnologia e a necessidade humana.

À medida que nos aprofundamos mais nesse universo, não podemos esquecer que a continuidade na inovação não reside somente em ter novas ideias, mas em aprender com as experiências passadas. Cada falha deve ser uma lição. Cada ocorrência de hacking, cada dado vazado, devem nos orientar a despertar mais apetite por segurança. Como uma metáfora, a segurança deve ser a fundação de uma casa que, mesmo após a construção, requer manutenção constante para acompanhar as intempéries do tempo. Se não formos meticulosos, um simples erro pode se transformar em um gasto massivo, algo que definitivamente ninguém quer enfrentar. Vamos refletir: estamos realmente preparados para isso no nosso cotidiano?

Com isso, observando tanto os desafios quanto as oportunidades, vemos que a jornada pela segurança nos dispositivos médicos é, na verdade, um esforço coletivo, onde a inovação deve ser alimentada por uma necessidade não apenas de sobrevivência, mas também de progresso. E ao refletirmos sobre o futuro, é urgente que todos nós, como sociedade, abracemos essa responsabilidade de modo a garantir não só a integridade dos dispositivos, mas também a confiança de todos aqueles que dependem deles. A segurança não é uma questão de escolha; é um imperativo que devemos manter em mente e em prática sempre.

Capítulo 12: "Conclusão e Chamado à Ação"

À medida que chegamos ao fim desta jornada, é vital recapitular os pontos centrais que exploramos ao longo deste livro. A questão da segurança no biohacking não é apenas uma curiosidade do futuro; é uma urgência do presente que requer nossa total atenção. Iniciamos nossa discussão sobre o conceito de biohacking, revelando sua evolução e como essa prática, que já foi vista com certa desconfiança, se transformou em uma força impactante dentro da medicina moderna. Uma força que, embora promissora, carrega consigo desafios significativos em termos de segurança.

Falamos sobre o BioWorm, um exemplo claro de como as ameaças se entrelaçam delicadamente com os avanços tecnológicos. As inovações na área da saúde que prometem melhorar a qualidade de vida também podem abrir portas para que elas sejam exploradas de maneira indevida. Cada capítulo nos conduziu por um labirinto de inovações que, apesar de seu potencial transformador, nos alertou para a necessidade urgente de cautela. Dispositivos médicos, que deveriam ser bastiões de segurança, podem se tornar vulneráveis a ataques cibernéticos que, de forma surpreendente, são cada vez mais sofisticados.

É fundamental que, ao revisitar esses temas, os leitores entendam a magnitude das questões discutidas. Elas não são meras abstrações. Falar sobre a segurança em biohacking vai além de um debate teórico; é um chamado à ação, visando proteger a saúde e o bem-estar das pessoas. Estamos falando de vidas e de uma integração cada vez mais intensa entre homem e máquina. A intersecção entre biotecnologia e tecnologia da informação requer um olhar minucioso e ações decididas.

Os casos apresentados neste livro não servem apenas como advertências. Eles são um apelo sincero para que todos nós nos tornemos agentes de mudança neste novo cenário. É imperativo que profissionais de saúde e desenvolvedores compreendam a responsabilidade que carregam. Cada um de nós tem um papel a desempenhar na luta contra as vulnerabilidades que emergem a cada dia.

Encerramos este primeiro bloco com a ideia clara de que a segurança cibernética no contexto do biohacking deve ser um compromisso contínuo e não uma abordagem pontual. As decisões que tomamos hoje na construção de um ambiente seguro em nossas práticas podem ser a diferença entre o sucesso de uma inovação e uma tragédia evitável. Que essa compreensão ressoe em cada coração e mente envolvida nesta temática, inspirando ações e reflexões profundas.

Profissionais da saúde e desenvolvedores, é hora de arregaçar as mangas e assumir um papel ativo na evolução e defesa do campo do biohacking. Parece fundamental que a maneira como encaramos nossa responsabilidade neste cenário impacte diretamente a segurança e a eficácia das tecnologias que utilizamos. Não se trata apenas de uma questão técnica, mas de uma conscientização profunda do impacto que nossas ações podem ter no cotidiano dos pacientes e na integridade dos dispositivos médicos. Cada um de nós precisa abraçar a urgência de estar à frente, buscando soluções inovadoras, colaborando e formando um ambiente que não apenas responda a crises, mas que previna riscos.

Quando pensamos em ambientes mais seguros, lembramo-nos da importância da educação contínua. Participar de workshops, intercâmbios de experiências e atualizar-se sobre as novas vulnerabilidades pode parecer um esforço árduo, mas é um investimento essencial. Vira e mexe, recordo de um seminário em que um colega compartilhou uma abordagem criativa para prevenir ataques em seus sistemas. O que era apenas uma conversa casual se transformou em uma estratégia implementada que salvou dados valiosos de sua instituição. É isso que conta, e é isso que precisamos cultivar – um espírito de aprendizado constante.

A formação de redes colaborativas desempenha um papel crucial. Imaginemos para um momento uma discussão franca entre profissionais que, longe de um ambiente formal, compartilham suas preocupações e soluções. Isso é poderoso! Ao criar uma comunidade onde as informações circulam livremente, fomentamos a troca de ideias que podem levar à descoberta de práticas que antes não parecíamos imaginar. Um exemplo? Um grupo de médicos e engenheiros de software que se uniu para explorar maneiras de integrar proteção robusta em dispositivos de diagnóstico. A força dessa colaboração se destaca e nos lembra que cada um tem a capacidade de contribuir.

A vigilância constante não é apenas uma recomendação, mas uma filosofia de trabalho. Surge a pergunta: como garantir que estamos atentos, dia após dia, às ameaças que emergem? A segurança cibernética deve ser um compromisso diário, como lavar as mãos antes de atender um paciente ou revisar um código antes de implementá-lo. A história recente nos proveu lições duras. Vemos exemplos de organizações que não estavam preparadas e enfrentaram consequências desastrosas pela inércia. Essas lições nos ensinam que a proatividade, o treinamento e as conversas sobre nossas experiências reais são fundamentais para proteger o que construímos.

Vamos refletir sobre o que podemos mudar agora mesmo. Criar um ambiente onde a segurança é discutida abertamente, sem medo ou reserva. Falar, ouvir, implementar. Cada um de nós traz à mesa habilidades, conhecimentos e uma perspectiva única que é crucial. Por exemplo, ao trabalhar em um projeto com um programador, entendi que a visão técnica dele se complementava com meu entendimento clínico. É essa colaboração que queremos incentivar: a intersecção entre diferentes áreas que traz inovação e segurança.

Questionemos constantemente o que podemos fazer de diferente e o que já está funcionando. A resposta pode estar em algo tão simples quanto ter um café da manhã mensal onde trocamos ideias e contemos histórias. Não é apenas sobre dispositivos e dados; é sobre as pessoas que estão por trás disso tudo. As histórias inspiradoras sobre aquelas instituições que já começaram a se movimentar nos mostram que a transformação é não apenas desejável, mas possível. Isso se revela um chamado à ação, despertando em nós a determinação de não apenas esperar as mudanças acontecerem, mas ser agentes dessa mudança. Agentes de esperança, empenhados em usar nosso conhecimento para proteger e melhorar vidas.

Vigilância contínua é a chave para a defesa eficaz contra as ameaças emergentes no universo do biohacking. Não se trata apenas de um momento em que tomamos medidas e ficamos tranquilos. A segurança cibernética se assemelha mais a uma dança intrincada, onde cada passo exige atenção constante. Em uma era onde novos desafios surgem à velocidade da luz, a ideia de que um sistema pode estar seguro para sempre é uma ilusão desconfortável. É preciso cultivar um estado de alerta permanente, uma mentalidade proativa que nos permita reagir a qualquer sinal de alerta com a agilidade necessária.

Falar em vigilância não significa ficar preso ao medo do que pode acontecer. É sobre se preparar, construir uma rede de proteção. Cada profissional da saúde, cada desenvolvedor tem um papel crucial nesse processo de segurança. É como uma orquestra: se um músico erra a nota, toda a sinfonia pode ser comprometida. A colaboração e o compartilhamento de experiências práticas são fundamentais. Imagino um cenário em que as instituições de saúde se reúnem não apenas para discutir protocolos, mas também para partilhar histórias de sucesso e falhas. Como aquele hospital que, após um ataque cibernético, decidiu rever não só seus sistemas, mas também promover um treinamento intensivo entre seus funcionários. O resultado? Uma equipe mais coesa, capaz de identificar e responder rapidamente a ameaças antes que se tornassem crises.

A troca de informações não deve ser vista como uma mera formalidade, mas como um ato de responsabilidade coletiva. Um encontro onde cada um traz suas experiências pode ser um espaço de aprendizado valioso. Pense em sessões informais, um café onde as ideias fluem livremente. Os desafios que enfrentamos no mundo do biohacking se tornam menos assustadores quando estamos interligados com outros. Já parou para pensar, por exemplo, em como uma solução aplicada em uma clínica pode inspirar melhorias em outra? É exatamente isso que o diálogo constante proporciona: um ambiente inovador, onde a criatividade e a segurança caminham lado a lado.

Histórias inspiradoras são essenciais para ilustrar essa necessidade de união. Muitas vezes, ouvimos falar de iniciativas individuais que, embora louváveis, não possuem o impacto massivo que ações coletivas podem ter. Lembro de um grupo de desenvolvedores que decidiu criar uma plataforma segura privilegiando a transparência. Sua missão não deveria ser apenas apresentar mais um software, mas proporcionar um espaço onde todos, independentemente de suas habilidades técnicas, pudessem entender e se envolver. O resultado foi uma ferramenta não só eficaz, mas também cativante. Essa abordagem humanizou a tecnologia, transformando a segurança cibernética em uma preocupação compartilhada. Não seria essa a essência da vigilância? Cada um se comprometendo, não apenas com sua própria segurança, mas com a do próximo.

À medida que refletimos sobre a importância dessa vigilância continuada, cabe a nós, como indivíduos e profissionais, cultivar essa postura diariamente. É um desafio que vai muito além da tecnologia; é um chamado à ação. O futuro da segurança em biohacking depende da nossa capacidade de nos mantermos informados, adaptáveis e prontos para agir. Não se trata de entrar em pânico diante das novas ameaças, mas de nos prepararmos para superá-las com determinação e criatividade. Sabemos que, embora a luta contra o BioWorm e outras ameaças esteja apenas começando, cada passo que damos em direção a um ambiente mais seguro é um passo em direção a um futuro mais promissor.

A luta contra o BioWorm e outras ameaças emergentes demanda um olhar atento e uma atitude ativa de todos nós. Neste cenário em constante evolução, a conscientização não é uma meta a ser alcançada, mas um caminho a ser trilhado continuamente. Cada dia, novos desafios aparecem, e a capacidade de adaptarmos a nossas estratégias de defesa se torna um ativo valioso e essencial.

É fácil pensar que a segurança cibernética é responsabilidade de uma camada específica de profissionais, mas a verdade é que ela envolve todos – desde os médicos que utilizam dispositivos médicos até os desenvolvedores que criam software que apoia a saúde. Todos têm um papel fundamental, e isso é, de fato, reconfortante. Quando um integrante da equipe de saúde se compromete a entender as vulnerabilidades que cercam o ambiente no qual atua, está não só protegendo a si mesmo, mas também seus pacientes. A segurança não deve ser apenas uma questão técnica; ela é uma extensão da ética que orienta as práticas de cuidado. Cada um de nós pode e deve ser um guardião da informação e dos dispositivos que utilizamos diariamente.

Falando em proteção, você já ouviu falar sobre iniciativas que estão acontecendo em várias instituições? Algumas delas são verdadeiros exemplos de como o compromisso faz a diferença. Profissionais de saúde trabalhando em duplas, realizando simulações de ataques cibernéticos, ou mesmo trocando experiências em reuniões informais semanais – isso pode parecer trivial, mas é um passo impressionante para a criação de um ambiente mais seguro. A história de uma pequena clínica, por exemplo, que percebeu uma falha em sua rede devido a um software não atualizado, e a partir dessa descoberta começou a promover palestras internas sobre segurança, nos lembra de que até os menores gestos podem ter um efeito massivo. Não se trata de tamanho, mas de atitude.

Imagine o impacto de uma equipa integrada, onde cada um traz suas experiências e aprendizados, cruzando informações e criando soluções inovadoras. A troca de ideias pode ser um catalisador surpreendente para melhorar tanto a segurança dos dispositivos, quanto o conhecimento coletivo. Conversas informais muitas vezes geram as melhores ideias. O que antes parecia um desafio assustador pode se transformar em um projeto colaborativo, onde todos se sentem parte da solução. Isso é inspirador.

Claro, para que essa vigilância se mantenha, deve haver um comprometimento não só nos momentos de crise, mas no dia a dia. Estar sempre um passo à frente significa procurar, estudar e se atualizar sobre as mudanças nas ameaças e nas tecnologias. Cursos, workshops e conferências aparecem como oportunidades valiosas para a formação contínua. Às vezes, me pego pensando: quantas vezes deixamos de participar de eventos pensando que não seriam tão relevantes? Como se isso não fosse um milagre da interação humana, onde o aprendizado pode surgir das experiências alheias.

Por fim, lembre-se de que a mudança é uma constante; o futuro será construído por quem se tece na malha da interação, da partilha. Promover um ambiente de segurança não se limita a medidas reativas, mas envolve ações proativas, e isso requer coragem e ousadia. Estar ciente de que há ameaças reais e persistentes demanda também um olhar otimista, onde cada passo em direção à segurança é um passo mais perto de um futuro mais sólido.

O horizonte é intrigante, e a luta contra as ameaças cibernéticas não é um fardo, mas sim uma jornada que nos une. Com um comprometimento genuíno e a força das alianças, seremos capazes de enfrentar o desconhecido. Que cada um de nós sinta a sua importância nessa história e decida se juntar a nós nessa missão. A transformação começa nesse exato momento, basta querer.

Ao longo das páginas que você acaba de ler, exploramos um território fascinante e desafiador, entrelaçando a inovação tecnológica com a segurança cibernética, especialmente no contexto da saúde. O biohacking e a interconexão de dispositivos médicos não são apenas uma fronteira da tecnologia; são um reflexo de nossas aspirações e, ao mesmo tempo, de nossas fragilidades. Este livro foi estruturado para guiá-lo por essas realidades complexas, trazendo à luz os riscos associados e as promessas que essas novas abordagens oferecem.

Refletindo sobre o que discutimos, é vital que você, como leitor, compreenda que não estamos apenas diante de uma questão técnica ou de segurança; estamos lidando com a vida. As histórias de pessoas que, aos poucos, se tornaram protagonistas de suas próprias jornadas de saúde através do biohacking nos mostram que há um lado humano inerente a cada dispositivo, cada dado coletado e cada interação que realizamos. A interdependência entre saúde e tecnologia deve ser tratada com cuidado e responsabilidade. As inovações são fascinantes, mas elas também demandam atenção e rigor no que diz respeito à segurança.

Ao encerrar esta obra, deixo uma mensagem de esperança e responsabilidade. Estamos apenas no início de um futuro onde a saúde e a tecnologia estão cada vez mais entrelaçadas. Portanto, cada um de nós — profissionais da saúde, desenvolvedores, gestores e usuários — deve se comprometer ativamente a promover um ambiente mais seguro e consciente. Aja com responsabilidade. Aprenda continuamente. Converse. Compartilhe experiências e busque soluções coletivas.

A vigilância deve ser constante. A luta contra as ameaças cibernéticas, como o BioWorm, não deve ser encarada como uma tarefa de poucos, mas como uma missão compartilhada. A educação e a conscientização são nossas melhores armas nesse combate. Encorajo você a se envolver ativamente nesta conversa, a explorar novas tecnologias com um olhar crítico, e a defender não só a sua segurança, mas a de todos ao seu redor.

Que esta leitura tenha despertado em você não apenas um entendimento sobre o potencial transformador do biohacking, mas também um senso profundo de responsabilidade em um mundo que avança rapidamente. Estamos juntos nessa jornada.

Pablo J. Gaspar

Sobre o Autor
Especialista em Cibersegurança e Arquitetura de Nuvem
Com formação avançada em **Segurança Cibernética** (ISC²)
e **Administração em Nuvem** (AWS, Azure), construí uma carreira
na vanguarda da defesa digital. Como **Hacker Ético
Certificado** (CEH) e **Analista Forense de Dados**, desenvolvi
metodologias para:
• **Eliminar vulnerabilidades** em sistemas críticos antes da
exploração por agentes maliciosos
• **Projetar infraestruturas em nuvem** com redundância
criptográfica e compliance GDPR/HIPAA
• **Extrair inteligência operacional** de datasets massivos sem
comprometer privacidade ou segurança.
▪ Automatizar respostas a ameaças usando **SOAR (Security
Orchestration, Automation and Response)**
▪ Decodificar **padrões de ataque** em logs de segurança através de
análise heurística
Minha abordagem técnica é sustentada por um
princípio: **segurança e inovação devem coexistir sem
concessões**. Por isso, integro frameworks como NIST
Cybersecurity Framework e MITRE ATT&CK® em soluções que
protegem ativos enquanto habilitam negócios.
*Para profissionais de segurança da informação, arquitetos de cloud
e gestores de TI: conhecimento pragmático para defender
infraestruturas, mitigar riscos e garantir continuidade operacional
em cenários de alta complexidade.*